江口望海潮

许倬云 著

图书在版编目（CIP）数据

江口望海潮 / 许倬云著. -- 武汉：长江文艺出版社，2021.10
　　ISBN 978-7-5702-1403-7

　　Ⅰ. ①江… Ⅱ. ①许… Ⅲ. ①社会科学－文集 Ⅳ. ①C53

中国版本图书馆 CIP 数据核字(2019)第 265350 号

著作财产权人：©三民书局股份有限公司
本著作中文简体字版由三民书局股份有限公司许可长江文艺出版社有限公司在中国大陆地区发行、散布与贩售。
版权所有，未经著作财产权人书面许可，禁止对本著作之任何部分以电子、机械、影印、录音或任何其他方式复制、转载或散播。
湖北省版权局著作权合同登记号　图字：17-2019-140 号

江口望海潮
JIANGKOU WANG HAICHAO

策划编辑：陈俊帆	
责任编辑：孙　琳	责任校对：毛　娟
封面设计：沐希设计	责任印制：邱　莉　杨　帆

出版：长江出版传媒　长江文艺出版社
地址：武汉市雄楚大街 268 号　　邮编：430070
发行：长江文艺出版社
http://www.cjlap.com
印刷：武汉中远印务有限公司

开本：880 毫米×1230 毫米　　1/32　　印张：6　　插页：2 页
版次：2021 年 10 月第 1 版　　2021 年 10 月第 1 次印刷
字数：125 千字

定价：36.00 元

版权所有，盗版必究（举报电话：027—87679308　87679310）
（图书出现印装问题，本社负责调换）

自　　序

本书收集了过去二三年来的诸种文字,整体言之,诸文大致都涉及社会关心的课题,文体也偏于平淡,这是由于我近年来自己立下的愿心。

我已入老年,几十年来在学术界工作,总觉得在学术研究与日常知识之间,存在不小落差。有些研究成果,在五六年,甚至一二十年后,或有可能相当简单地被纳入教科书。大部分学者终身钻研的成果,竟可能永远不为常人所知,而他们力求纠正的错误知识,却以讹传讹,长久流传于"常识"之中!为此,我在六十岁以后,即许下一愿:名山事业的学术专著,有无数学者投身其中,我自己愿意尽其绵薄,将学术专著的成果传达于一般读者。这是吃力不讨好的工作,严肃的专家学者可能不愿意如此做,通俗的作者却又未必能有涉猎专业的机缘。于是,一个老年的专业研究者,不在乎学术地位了,反而具备担起这一任务的条件了。我在2006年出版的《万古江河》一书,即是为此而撰写的"还愿"。本书所收的杂文,其实也同样是"还愿"的作品。

在《万古江河》一书中,我借长江大河为喻,追述中国文化成长的过程,也指向世界各文化体系终于将汇合为人类共同拥有,共同发展的全球文明。海纳百川,遂能成其大。今天,全球化经济、信息革命,及科技知识急剧发展已形塑了明天的世界。于是,我们活在今天正如站立江口,身后是源远流长的巨流,挟千万年文化蓄积的能量,奔腾而至,其挟带的积淀,入海数十里,还是一片浊黄。抬头前瞻,万顷波涛,起伏呼吸,远到天水相接处,无非茫茫海洋！海潮大起时,江海相拒相迎,汹涌澎湃,一浪高于一浪,排墙上溯,又急剧东泻。

我们身处今日,目睹巨变正在进行:在人类历史上将有一个全新的文化世界出现。一方面原有各文化系统均将终止其各自发展的轨迹;另一方面,凡此文化系统势将融合为一。在此人类戏剧落幕换景之际,我们不知下一场继续演出时,将是人类更进一步的喜剧,抑或是走向毁灭的悲剧。

为此,本书各节,几乎或多或少,都透露又是兴奋、又是惶恐与迷惘的复杂心情。我衷心盼望,在将来的新世界中,人类共同价值的前提,是肯定"人""存在"的根本意义,是肯定和谐与共生的社会秩序,是植基于新科技知识上的人类心灵境界不断提升,而不是沉沦于贪欲与愚昧。

回顾人类的文化之旅,从人类有了农耕开始,人类已有了将近一万年的流程,这一历史长河,曾经不断扩大,也不断改变,累积了不少智慧,并且以此撑持无数生命的成长,也使个别人生的生老病死,悲欢离合,都具有意义。历史长河终于汇入大海。那些累积的经验,是否在大江出海后,竟也消失？抑或在巨漫大洋中,转化为新的价值观念,及与此相应的人生意义？我衷心祈求,我们已发展了数千年的文化,不是从此礼坏乐崩,而是又绽现一番鱼跃鸢飞的美丽新世界。下一场的人类戏剧,不能听天由命,任其自然产生,因为不予努力,终将没有收成。我们勤力同心,共同着手缔造新文明,才可能有一个值得生活的未来。

长江口,江流浩荡,江口之外,海水汪洋无际。许多拦江沙,一道又一道,还是挡不住江流东泻,海潮西上,江波与海涛相拒相迎,激起层层巨浪。这是混乱的一刻,也是另一境界正在形成的俄顷。春潮满江海,白浪激天际,江声浩浩,海波滔滔,这是观潮的好季节。

许倬云　序于水莲山庄

2008.5.7

目 录

第一章　中国的文化与经济进程

历史的多种定义 / 003

古代的中原是怎样形成的？ / 009

古代中原的多种文化 / 018

中国概念与其经济接口 / 024

中国中原与其邻近地区史前时期的居住与食物资源 / 032

中国古代平民生活
　　——食物、居住、衣着、岁时行事及生命仪礼 / 051

文化间的互动（一）
　　——中国古代文化圈之间的融合 / 086

文化间的互动（二）
　　——社会与阶层间的文化互动 / 098

文化间的互动（三）
　　——中国文化与外来文化相遇 / 112

刘邦与朱元璋
　　——两种创业的风格 / 121

第二章　中国文化的当代意义

人生价值的探讨（一）
——人类追寻人生意义的经验 / 131

人生价值的探讨（二）
——中国文化中人生价值的探索 / 138

人生价值的探讨（三）
——目前我们要追求的人生意义 / 146

情理相通的通识教育 / 156

人文学科的任务 / 161

中国现代学术科目的发展 / 164

美国国会图书馆中文藏书的史料意义举隅 / 174

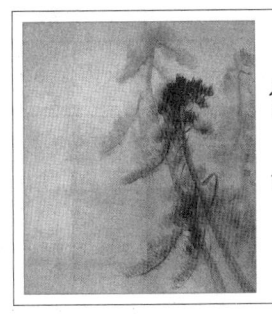

第一章
中国的文化与经济进程

历史的多种定义

历史是什么？这是一个常被忽略的问题，一般人以为历史是教科书所叙述的事迹，或是二十四史一类讲的兴亡盛衰。其实，历史一词同时包含了许多不同的含义，历史的根本意义（可代称为A类），当是指陈一切过去的事物，举凡宇宙间曾发生的，都在其中。于是，天文学上有宇宙的开始、宇宙的扩张、天体的变化。地质学上有大地的形成、不同时代的变化、冰期、造陆，以及一次又一次的陵谷变迁，"沧海桑田"。生物学上，有第一个细胞的形成，不断的物种分化，以至大大小小不同生命的生生灭灭。人类自己呢？整个人类，有其生物属性与社会属性不断的变化。整个人类有其整体性的过去，人类怎样从灵长类的一支，到逐渐占有了这个地球？各处人类怎样分散，又怎样一次又一次地聚合为群体？各地人类又各有其经历的过去，他们时而竞争，时而合作，终于由小群聚合为大群落，这一过程中，他们发展了制度，又赋予事物意义，以及自己存在的意义，形成文明，又不断调整自己建立的制度，修改自己找到的观念，更正与其他群体的学习与争夺。

凡此，由宇宙到人生，漫长岁月经过的一切过去，在宇宙间留下的痕迹，我们有时以自己的角度理解这些痕迹，有时又视若无睹，不再去追索那雪泥鸿爪所代表的过去。于是，"过去"可能与"未来"一样，大部分不在人类智性理解的范围之内。这一林林总总，漫无边际的变化之中，人若要找出线索，留下记录，必然先有一定的抉择，有所取舍，挑出自己关心的项目，以观察其变化。这一选择性的历史陈述，可以 B 为代号。其中已选得的是 B_1，未选得的，甚至未予注意的是 B_2。既然 B_1 是有限的选取，则未经选取的 B_2，是无限的 A，减去有限 B_1，则剩下的 B_2，也应是无限，储存了无限的信息，无限的可能性。

B_1 是已经写成的历史，例如中国古代的《尚书》《春秋》《左传》，以及《史记》以下的二十四史，还包括各种记载史事的典籍与档案，甚至个人笔札，也可算说是写成的历史，一个人的过去。这些写成的历史，在其作者（或编者）心目中，已是完整的记载，但是在专业史学工作者手中，前述的记载，依旧是一堆史料，是可以从中再予选择讯息的数据。

B_2 是隐藏未经使用的史料。考古学家发掘的遗址与文物，最能代表这一项目的史料，这些史料为前人不经意留在人间，经过有心人的考察，用来推测前人的行为、思维与生活方式。B_2 类史料，在特定条件下，为当时人采用作为重建过去的资料，例如，古人视作无用废纸的账本、契约等等，落到注重日常生活的社会经济史家手中，却是包含丰富讯息的重要史料。

因此，B_2类史料，因时代的需要，此时隐而未现，彼时则为识者取用，作为重建过去某一方面历史的资料，已如前述。B_2类史料，应是无限，这是由于我们无法预见未来的史家，会提出什么样的问题，未来史家会寻找哪些数据，以资重建他们想知道的过去。

每个时代有其才人，各领当时的风骚，全因每一时代有其关心的问题，这种对于历史经验的阐释，可称为C类历史定义。宋代司马光编撰《资治通鉴》，其意义是为统治阶层。由前人经验中寻索治和乱的因果条件，这是司马光时代的史观。欧洲中古、近古时代，历史多列贵族谱系，因为彼时贵族领主的领土封邑，经常视其亲属与婚姻关系，而有继承与转移，并由此而不断有国土的变迁与朝代的更迭。近代资本主义兴起盛行，社会主义的理论相应而生。先有马克思唯物史观，由此而出现社会经济史领域内，许多互相辩驳的历史解释。今天是全球交往频繁的时代，多种不同文化相激相荡，再加上科技撼动了传统文化的古典基础，驱使我们对文化的含义重加审视，由此而有了当前蓬勃的文化史论辩，带动了相应的历史探讨与解释。凡此诸例，都可说明，历史的阐释因时代转移，人类不断从过去寻找不同层面的经验，从而对过去有不同的陈述与描绘。"时间"如流水，历史是水上的波纹，也是流水深处的潮流，历史阐释影响了叙述，也见于人类如何界定其群体的范围。历史是过去的记忆，群体的历史即是群体的共同记忆。反向审之，共同的记忆界定了共同体的内涵与外延。

人类从合作渔猎的小集团开始，不断改变其生活共同体，由小而大，由简单而复杂，由固定而变动，由预设身份而自由选择。这些发展，在各地的模式，并不一致；但是，可能由于人类移动的能力不断增强，人类彼此接触，互动的圈子因而不断扩大，生活共同体的内容也相应地越来越复杂。人类最初的生活共同体大约不外亲子（甚至只是母亲与未成年孩子）合成的群体，即是以血缘结合（例如家族）。合作生活的共同体，提供了人类维生的能力，这样的共同体变大了，也可能比较长期地定居。这是地缘的，或兼具血缘与地缘双重结合的村落。更扩大一圈则是政治共同体（国家），与借喻或虚拟的血缘共同体（民族）。再提高一层则是文化共同体"普世秩序"，例如中国的"华夏天下"，欧洲的天主教教廷，或历史上的伊斯兰帝国。又高一层，涵盖面更为广阔的，当是区域性的文化或经济共同体。最近出现的欧盟，正是以经济纽带结合的许多国家，要进一步组成的政治共同体。从目前全球化的趋势推测，全世界的人类社会，可能终究会结为一个全球性的人类社会共同体，共享资源，协力互助，而不是彼此残杀。那时候，人类共同体的结合纽带应当是同一物种由离而聚，由分而合，异中寻求同，沟通与交流，同中容纳异，那就是理想世界了！

在上述发展的过程中，每一个阶段的生活共同体，不论是小区，抑或社群，都凭借共同的记忆（亦即其历史），凝聚其共同意识结合为一体。不过，这一发展的途径，在世界各处，并不同步进行。中国的普世秩序，萌生于秦汉统一前战国之时，终于形成以儒家理念文官制度结合的政治形态，精深农业的生产与市场交换网结合的经济形态，宗族与村落结合的基层共同体，三重结合而聚为一个有机的文化秩序。欧洲的共同秩序，经历了整合与离散的曲折迂回，原先天主教公教的巨网，又分裂为不同教派的列国体制，呈现为多元竞争。然后，经历一次又一次的大小战争，在最近一次世界大战之后，欧洲又回到了区域性的整合，欧盟以经济共同体为发轫之始，现已逐渐走向政治的整合，而终究还是会发展为一个相互认同的文化秩序。在其曲折的发展过程之中，主权国家以民族国家的面貌，呈现为列国并峙的体制，这些民族国家，在摆脱天主教公教秩序时，曾努力重组共同体，而以重写其历史凝聚其共同意识。例如：日耳曼精神与日耳曼历史，密不可分。这一现象，不是欧洲独有，却因为欧洲力量的侵入各处，遂使世界其他地区也模仿欧洲，以为列国体制下的民族国家乃是人类共同体的终极形态，今日世界即处处是民族国家的列国体制。而从人类社会的长程发展过程言，这些民族国家的政治共同体形态已渐淡去；这一形态，只是走向更高一层、更大一圈之前的一个阶段而已。人类终将在不久的未来，发展为若干区域性经济共同体，再由此逐渐整合为政治与文化共同体。人类的科技文明，目前看来，只是已经进展中的一个文化体系；未来终有一日，世界各地的区域共同体，将聚合成为全球经济与文化共同体。

相对于这一发展过程，今天的历史，大都是沿袭民族国家体制而编写的国族历史。在今日的欧洲，历史学家已在合作整理其历史教科书，找出各处国族历史中彼此抵触的情节，排除自炫贬人的部分，重写成较为接近真相的新版本。这是一次去伪存真，去异求同的专家志业，迥异于过去数百年来编造各国本土历史的工作。此时如果再走日耳曼历史一样的本族本土历史，其存在的时间将甚短。

总结本文所述，历史有多重定义，一切曾经发生过的事都是历史；但是，从无边无际的历史中，挑出一些载籍，本身已有所取舍，而取舍必是主观的。由此再予以解释，阐明其意义，更是针对特定时空、条件，而编制的共同记忆。时空条件有了变化，人类组织的共同体有了不同的形态，即不免有不同的历史与不同的陈述，因此而有时空条件下需要的共同记忆。前人的历史陈述并不是后来的历史陈述，两者都只是盲人扪象，只能在真实的"过去"主体中摘出其所关心的一爪片鳞。历史的陈述未必全是说谎，但终究是片面的与一时的。这是历史工作者难以逃脱的宿命。面对宿命，历史工作者唯有加倍地谦虚，加倍地谨慎，加倍地宽容，或能因此减少一些错误与由此而生的罪咎。

2005.3

古代的中原是怎样形成的？

自从先秦以至隋唐，中国长期以"中原"为文化与政治的中心地区，这一情形，在南方逐渐兴起后，始有改变。类似情形，也可见之于欧洲历史，地中海北岸，自古希腊以至中古，长期为欧洲的文化中心，这一地区也可称为欧洲的"中原"。印度的"中原"先后是印度河与恒河流域；中东地区的"中原"，也先后在两河地区及波斯湾上（今日的伊朗）。这一"中原"，是怎样形成的？本文即拟由中国历史上"中原"的形成，追溯到考古的时代，以观其发展过程。

近来考古学发现了这些过去未为人知的古代文化，这些人类早期的文化，有其灿烂的文物，令人惊艳；这些古代人类群体，能够掌握高度艰难的工艺，能够动员大量的人力，无不反映他们的社会已有复杂组织，其实已是相当有规模的群体了。这些考古发现的有组织群体，分散于今日中国疆域的各处，有的在后世中原之内，有的远在后世的边陲。兹择其尤足注意的几处古代文化，作为本文讨论的主题。

东北红山文化

公元前 3000 多年，东北地区的辽河、大凌河流域，曾有过红山文化，以辽宁凌源的牛河梁遗址为例，这一个遗址群，有多层石块堆积的积石冢，及其附属的坛台，有称为"女神庙"的祭祀遗址，有号为"金字塔"的土石结构。这些不同功能的礼仪性遗址，分布在一片相接连的山地，当有一定的相关性，合而立之，可能形成一个礼仪活动的中心。积石冢出土的文物，有红山文化最为著称的玉石刻件，如"猪龙"（或"熊龙"）、云纹玉件、飞鸟、玉璧、玉玦……无不雕工精致。积石冢及其相关的坛台，由不同石料堆垛，有些石料采自当地，有些则来自有相当距离的远方。积石结构中，还有大量空底陶罐，排列于周边，其功能不详。"女神庙"的遗址，出土陶塑的大小女神躯体残片，其中包括相当巨大的手掌，若复原其全躯，可能为常人的三四倍之巨；一具女神面部，则大如常人，有圆石嵌入为眼珠——凡此遗址规模及文物质量，反映建造这么一个红山文化的礼仪中心，必须有相当人力及资源，始能臻至！红山文化的其他遗址，分布地区颇为广袤，涵盖辽河流域，远及内蒙古东部及燕山地区。如果这是一个政治群体，则其疆域定然不小！

但是红山文化之后是夏家店下层文化（公元前 2000～前 1500 年），分布地区更广，远及内蒙古、张家口以及渤海平原的相当部分。只是，夏家店下层文化的文化特征迥异于红山文化。那些精美的玉石刻件及复杂的礼仪性遗址，均不见于夏家店下层文化。红山文化似乎戛然而止，并未继长增高，更遑论由此而发展为可以长期延续的文化中心区。

山东龙山文化

在山东半岛，考古学上的大汶口文化（公元前4100~前2600年）及龙山文化（公元前2600~前1500年）都有可观之处。大汶口文化之最堪注意之处，在其陶罐上出现的刻纹，可能是文字。同一个形体的"字"其出现之各处，可有数百里之遥，这就不是一般的刻纹，而是约定俗成的符号了！大汶口文化分布甚广，至今其遗址有六百多处，遍及山东全部，南至苏北，西至豫东、皖北，历经一千五百年之久，诚堪称为中国东部十分发达的古代文化之一。

大汶口文化与山东龙山文化，有地层叠压的现象，其前后继承的关系，相当清楚。山东龙山文化的城子崖遗址，是民国时期由中央研究院历史语言研究所在创所之初发掘的。当时出土的蛋壳黑陶，黑色光亮，其薄透光。根据这一黑陶传统，傅孟真先生遂发为著名的夷夏东西之说！山东龙山文化的临朐朱封墓地遗址，有三座大墓，规模宏大结构复杂，随葬文物包括精细陶器、玉饰、骨匕、獐牙、猪下颌骨，及鳄鱼皮件、鳄鱼骨板等物件。蛋壳陶制的高脚杯，则放置在彩绘的边箱内，显然是特别珍贵的礼仪器。

泗水尹家城遗址，发现山东龙山文化墓葬六十五座，按照其葬品的多寡与精粗，及墓穴的规格大小，可以分为三等七级。第一级最大的大墓，墓穴二十五平方米，且有两棺一椁。除二次葬的主人骨骸，还有人头骨两个，后者当系殉葬者。随葬物品众多，包括白陶罐、蛋壳陶高脚杯、大量猪下颌骨、鳄鱼皮骨板，可能是鼍鼓残件。次一等的四座大墓，各有十平方米，随葬品丰富，但是没有人头骨，也没有兽鼓。第二等二十九座墓葬分三级，均为中等墓，随葬品不多，其中最小的七座墓穴中，均无随葬品，但个别死者手持獐牙。第三等小型墓共二十一座，大小仅能容尸，随葬品只有简单的陶器，甚至全无随葬品。这一墓葬群的等级分明，反映其社会也是有贵贱贫富的阶层分化。

山东龙山文化的活力非凡，至今发现的遗址已逾千处。不少遗址是大型村落，还有城址数十处。这一文化分布地区广阔，人口众多，文化鼎盛，如果有部落组织，应是中国东部的重要势力。这一文化系统之后，接下去是岳石文化（公元前2000~前1500年），直接叠压在山东龙山文化地层上面。岳石文化的遗址的分布也遍及山东半岛，但是只有二三百处，而且村落不大，似乎人口不多。岳石文化的文物，质量不能与龙山文化相比。显然，岳石文化时期的山东地区，文化衰落，势力大不如前。倒是在中原已有强大兴盛的商文化时，带有岳石文化色彩的山东土著文化，还存在于山东半岛的边缘，例如胶东地区及南边沿海一带。从大汶口文化，到山东龙山文化，山东地区很有可能有一个能够持久发展的文化中心区，岳石文化接替了龙山，不知何故，却不再能继续其文化鼎盛的传统。

苏浙良渚文化

在江苏与浙江，良渚文化有其灿烂的成就，这一文化的时代相当于东北的红山文化。在杭州良渚附近，数十平方公里的地区，有密集分布的许多文化遗址，人工堆砌的土山，高达数十尺，是良渚文化独特的遗址。有的土山顶上有规格严整的坛台，甚至有五色土壤按四方与中央的部位铺敷，也有的土山是排列整齐的墓葬群，至少有一处遗址是面积颇大的建筑基址，一片平台，填筑于不同的地形之上，台基上面有成列的柱洞柱基及燎火的火坑。这一大型基址，应是一个相当巨大的礼仪性建筑物地基。

良渚文化的玉石琮与璧，是其最具特色的文物。即使良渚文化消失之后，琮与璧仍传布四方，成为中国玉石文化中常见的形制。良渚文化玉件上，常有精细的雕纹，其中有一件神面图案，大小不过常人拇指指甲，却可刻到细节，竟可媲美后世的微雕工艺。良渚文化的时代，还未有金属工具，他们如何切割玉石，如何凿为空心的玉琮，而且还有石核留下？凡此工艺，至今我们还是得不到满意的解答，更遑论如法炮制了。

良渚文化的遗址，分布遍及苏南与浙江，往北及苏北与山东的南边。这是一个活力强劲的文化，以其制作工艺品与建筑礼仪中心所需的人力与物力言，如果没有相当复杂的庞大群体，恐也难成厥功！这一文化的上面，却是不很出色的马桥文化。几乎所有良渚文化的特色，均已消失，只剩下一些江南的土墩基及随墓葬的原始带釉陶器。

红山、大汶口/山东龙山及良渚文化，都有其惊人的成就，显示当时人群的创造力与组织能力。然而，这些文化都后继无人，都由一些成就不足道的文化代替了。谁是那些接续文化的人群？我们没有足够的数据，确定他们与其所接续者的人群是否同一族群。

古代"中原"的文化传承

相对而言，古代"中原"的情形，却是另一番景象。仰韶文化的庙底沟文化（公元前4000～前3300年）由关中东向发展与东方文化互相影响，庙底沟二期文化（公元前3000～前2000年）与大汶口文化互相影响，到达了中原的庙底沟文化也与南方长江流域的大溪/屈家岭文化系列互相影响。处于四战之地，压在仰韶文化上面的中原龙山文化取精用宏，遂有强劲的活力，不但在河南继续发展，还能延伸到河北、山东，与当地土著文化一较长短。

在这种背景下，山西运城平原出现了陶寺文化，河南嵩山伊、洛之间出现了二里头文化。陶寺墓地有数百座墓群，大墓占全数3%，中墓为11%，小墓为85%，显示极度的贵贱等级。大墓之中，最大的一墓，随葬品十分丰富，包括大型的陶罐、鳄鱼皮制的兽鼓、石磬、大型陶祖、彩绘龙盘……俨然王者气象。最近在墓葬群遗址南边，又发现了一座面积颇大的城址，有城墙道路，其规模俨然都城。在大城的南墙外，发现一座小城，似为礼仪中心，其中有两圆夯土墙遗存，墙间留有对应的缝隙。发掘的考古学家，经过实地试验，认为是用于观测两分两至日光照射的设施。如果确系如此，则陶寺的统治者已有观象授时的职责与权力。据石璋如先生研究，殷墟遗址也有类似的设施，亦即两列平行的夯土墙，留下相应的缝隙，作为观察日光投影之用。然则陶寺文化的前例，竟为殷王沿袭了。

二里头文化，中国的考古学家以为即是夏代的都邑。二里头遗址已出土格局规整的大型殿堂基址，最近又发现道路与院落，足以接成一个前后数进，按中轴线排列的宫殿区，附近并有陶窑及大量松绿石切片。二里头也显然是位阶较高的都城。陶寺与二里头，都在中国考古学家认定的夏文化区内。我不以为夏代与商周是一样的王朝。夏人称其统治者为"夏后"，不称夏"王"，可能因为夏集团是一个众多部落的联盟，夏禹是以盟主的身份召集"万国"来会。夏文化区内，可以有不同的地方性群体，其文化也无妨有些差异。二里头文化与东下冯文化，即各有其特色，并不完全相同。

据苏秉琦先生意见，陶寺文化接受了仰韶、红山，甚至良渚各处的影响，所谓"华山玫瑰红山龙"！而且在唐叔受封于晋时，晋地还有"戎索"与"夏制"两种习惯法，加上"周制"则是多元文化并存的局面。晋献公、文公父子两代与当地土著联姻，晋卿大夫中，不少异姓，甚至有出身戎狄者，凡此无不显示夏文化的人群，颇为多元，也颇能容纳接受异种文化。

商人继夏而兴。天命玄鸟，降而为商；商人的神鸟祖先传说，甚与东北民族（满洲、高句丽）相似。先商文化与早商文化，颇多在渤海冲积平原的遗址，其西边极远，还可到达张家口一带。郑州商城遗址，也确比偃师商城遗址为早。因此，正如傅斯年先生数十年前所主张，夏商的相对位置是夏在西，商在东，二者各有其族裔及文化渊源。商汤征夏，颇费了一番气力。据李伯谦先生意见，偃师商城近二里头夏文化遗址，可能是直逼敌营的战略。

商人建国，其国家组织与制度日益完备。从殷墟卜辞重建的制度演化看，晚商二百年的变化，已颇可观。商代毋宁是逐步走向"国家"的时代！商人继承了夏人的领土，可能也接纳了不少夏人的文化。前述殷墟观测日影的设施，与陶寺遗址的设施，前后如出一辙，即是商承夏制的明证。

商人祭祀，除了先公先王先妣之外，颇多"杂祀"，其中可能即将异族异文化的神祇或文化英雄，转化为自己奉祀的神明。我以为，后世礼经中的五帝，炎黄在今的河北，太昊、少昊与颛顼都在豫鲁之间，均为商人早期立足的中原东偏地区。商室先人之中，王亥王矣诸人，也都在东方地区活动。五帝，甚至蚩尤等不是正统统绪的古代人物，或者是经商人编组为古圣先贤的神话与传说系统之中。如果这样的推测成立，则商人是接纳多元异文化的族群，取精用宏遂能成就"大邦商"的地位，其居地遂能成为"中原"。

西周继起，来自西垂。今日周原考古所见，不仅周人以其卑弱事奉大邑商，周人甚至还奉祀商室先王，犹如自己的神明。周人由弱小的西邑，长期事奉商国，在取得天下后，修建雒邑，居天下之中。西周一代，始终是东西两京，以成周控制东土诸侯。西周覆灭，平王东迁，依附晋、郑，"中原"的重心在伊洛之间。晋人累世称伯，俨然中原共主，一个兼具夏、商、周三代文化，而又是三代数地重叠的地区，于是成为具体的"中原"。我以为夏之列入商周，成为古人称颂的"三代"，正是因为商承袭夏，周承袭商，周人又乐道夏人历史以自重身价，以当世投射于过去，遂完成连续相继的"三代"。

"三代"的观念，实与"中原"不可分割。这一正统的成立，可谓三个文化的族群，都能采撷别人的文化，江河不择细流，始能成其大。三个族群前后相承，而又接收前人文化遗产，所谓"行夏之时"，"乘商之辂"，不自闭，不固拒，更不排斥，还能继长增高。

古人经历，可为今人镜鉴。红山、大汶口、良渚均有傲人的文化，但不能前后继承，终于澌灭。夏商周三代，如接力赛跑，不弃前人文化遗产，终于成为中国文化正统之起点。我们今日，正在心胸开放与关闭之间，须有明智抉择，方能有成。

2005.4

古代中原的多种文化

在 2005 年《历史》月刊 4 月号,我曾讨论过中国古代"中原"的形成乃是二里头文化与陶寺文化,能够接纳四方文化的挹注,而商周二代又能继踵接武,继承前代文化遗产而不是斩绝前缘,重新开始。本文拟再由上述中原形成的现象,讨论古代中国的多种文化,各有自己的观念,却终于融合为中国型的思想,而且在几千年的发展过程中,又不断与外来文化因素相激荡,开展为近世的思想形态。当然,这是一个极为复杂的过程,绝非一篇短文足以涵盖。此处所述,无非勾勒其大概的轮廓而已。

在文字记录出现以前,重建历史,有赖考古资料。古代遗址与文物,都是哑巴材料,我人由此引申有关思维部分,也不能十分肯定,却也仍有相对的参考价值。

在今日河南、山西地区,新石器时代末期的陶寺文化遗址出土了不少大型的陶"祖"。这些阳具的巨大模型,当系作为祭祀礼仪之用。陶寺墓葬遗址，坟茔常有聚集成群的现象，其时间也有前后排列的时序，应是反映历代聚集的家族制度。凡此现象，似可解释为陶寺文化对生殖力的崇拜及由此衍生的祖先崇拜。同时，陶寺有观测太阳的设施，已见于2005年《历史》月刊4月号，无须再加赘述。这一现象当是后世中国敬授民时的起源。孔子的时代，仍有"行夏之时"，则夏群在古代部落发展过程中，当有其一定的地位。祖先崇拜与敬授民时乃是中国型思想的重要成分，由诸夏肇端而弘扬于商代。

由卜辞、祖先崇祀及天时天候气象，觇见其延续，西周封建，封建秩序与宗法秩序，不可分割，则又是祖先崇拜在政统上的落实。周人的政治合法性，以接受正朔为象征。春秋纪年，必以"春王正月"为始，陶寺的观测日行，当是其滥觞。

在中国古史传统中，五帝系统列在夏商周三代观念之外，这一安排其实并不是时间轴在线的先后次序，当是商周传承的中原，设法安置"中原"之外的他族历史系统。在黄河下游、济泗在线、山东半岛与渤海冲积平原，自大汶口、龙山，乃至岳石诸文化，自有其新石器文化发展的系列。大汶口文化的若干陶文，可能已是当地文字系统的一斑。龙山文化的朱封遗址，其大型墓的出土文物，复杂丰富，不下于陶寺的大墓，龙山文化的古城分布，为数众多，凡此均可反映，"中原"的东方，俨然有一个相当漫长的文化系统，历时久远，地域广袤，不亚于中原。

回到上述的五帝系统，其中太昊、少昊与颛顼，传统指涉的活动地区，正在这区域。大汶口陶文，最堪注目者，是日、火与山的合文，其配合颇令人想起太昊与少昊的名号。《左传·

昭公十七年》记郯子朝鲁，自述其祖源太昊氏，以龙纪官，少昊氏，以鸟为官称。这一文化显然有其特质，云与天象有关，鸟是天上之物，则其与昊天的关系，颇堪寻味。颛顼历，在汉代独有痕迹，庞朴以为是以大火星的周期为基础，与夏历的太阳为准，是不同的历法传统。这一地区的民间信仰，到汉代还灼然可见。《史记·封禅书》记山东有一路神将，包括天、地、日、月、阴阳，与蚩尤代表的兵主，这一系统，不仅与卜辞中祭祀系统不同，而且将中原传统的负面人物蚩尤列为神将之一。结合上述诸点，则这一傅斯年先生认为是东夷的族群，于淮泗海岱一带活动，其信仰当是以奇特自然力量为其崇拜的对象。实与"中原"以人类生殖力及祖灵为崇拜对象的系统，判然异科。

但是，傅先生所说的夷夏东西两大系统在周代应有相当程度的合流，拙作《西周史》论及周人在东土的封国，均有多元族群的聚合，周人的姬、姜二系，殷人诸族，与各地的王士族群，终于融合为各地诸侯——周家的国族系统。于是，在不同的统合方式下，还是有一个共同的基调，亦即敬天与法祖，同为周人信仰的立调。

春秋战国时期，江汉地区的文化系统，不断与北方接触，最后也终于融合为一，这在新石器文化的时代，屈家岭、石家河诸文化，在江汉地区自有其发展系列，呈现与北方迥然不同的文化因素。此区河川、湖泊、丘陵、林野，其自然条件与北方的黄土平原，大不相同。

可惜在新石器时代的考古资料，所能着墨之处不多，很难悬测古代的信仰，然而春秋战国时代的楚文化，已集合江汉地区诸古代文化的大成。由楚文化遗址的文物看来，南方文化的信仰，既有天象的星图以代表其心目中的自然秩序，又有类似《山海经》中神灵精怪的形象，以代表其神明世界。

楚辞中的诸神，有东君、云中君、司命、山鬼诸神及种种地下世界的描述。这一南方的信仰系统，多姿多彩，生动活泼，而人间与神界之际，也未必不可逾越，是以巫觋的活动为南方信仰系统中的重要部分；他们的功能，可能较北方的祝史更多解释超越现象的权力。

老庄之学，盛行于南方，或者也反映了南方文化的心态。北方儒家相对于南方老庄，二者各有特色，如众所周知，儒家入世、积极、严整、重德行；老庄则出世、淡泊、自由、重性情，两者也可互补，于是，中国传统的知识分子，大都出入儒道之间，于不同的境界，各得其所！

儒道二家，都以"道"为尊，但是，儒家的"道"是自己的体验，仁内义外，俱为道的一面。道家的道，则为终极的存在，道无所不包，无所不在。人与万物都出于"道"，也复归于"道"。两家思想，在汉代融合为一，具体的表现为董仲舒的天人相感之学。宇宙之间，大至天地，小至人体，无非互相叠合的系统，又统摄于"道"。其中，感应调节，种族变化，既呈现"道"的规律，又反映各层系统之间的伸绌进退。

西汉的这一次发展，可说居于科学与宗教的分歧点上：如果从规律性言，不但诸种变化有其逻辑，而且"变"本身即是常态，然而，若向宗教方向发展，即由于变化可以预知，而预知的能力，却又是神秘的；于是谶纬之学大兴。孔子以"素王"的地位，几乎成为教主。

佛教传入中国，是中国型思想方式，添加了崭新的成分。佛家虽借用道家词汇为格义，两者究竟各有其思想的基因。道家的无，终究不同于佛家的空。佛教在中国的影响，极为深远。一方面夺取了道家在思想范畴的地盘，使道家与儒家的合流更为密切，终于逼出宋代的理学。另一方面，佛教的宗教性刺激了中国本土的巫觋成分，滋长为民间的道教。从黄巾以下，都发展为启示性的信仰与救赎的期望。

　　大乘佛教本身的启示性与救赎性，本来即与佛教在中亚的发展，有密切的关系。唐代以后，中国与中亚接触频繁，中亚的祆教、摩尼教与景教（聂斯托利派的基督教）纷纷进入中国，其影响所及，中国民间宗教的启示性与救赎性成分，更为显著。

　　中古以来，中国儒家经过科举制度，完全占据了文官体系的地盘。皇帝与文官共天下，亦即儒家俨然是统治阶层的官学。自此以后，中国知识分子以经国济世为怀抱，得志则在庙堂。但是，皇权有其不受约束之处，知识分子也有失意之时，于是不得志则在江湖，入则仕，为儒家，出则隐，为道家。儒道各据中国知识分子胸臆的一半。

　　统治阶层的对方则是佛教与道教，这两个教派面对努力防卫伦常纲纪的皇权与儒家，或则温和地疏离于外，或则暴烈地反抗于下。大多数平民百姓，其实是在权力圈外，他们的抉择还是以佛道两教，或两者的混合体组织为民间信仰圈，在生活中彼此扶助，在意识中，寻求超越力量的庇佑，而在绝望时，则揭竿而起，憧憬翻天覆地的劫数末世，杀出一片新世界。新世界其实从未降临，却给胼手胝足的小民，提供活下去的指望。

这一权力与反抗之间的紧张，以及因为有抉择而得以纾解的指望，千百年来，处处可以在一般中国人的心态中，觇见其辩论的痕迹。2005年6月的《历史》月刊，以《红楼梦》为主题。即以《红楼梦》的情节为例，贾政与贾敬二人，分别代表儒家与官方的道教。张真人是代替贾家荣国公出家的替身，入世与出世，是一分为二的表现。贾府的盛衰，与元春的生死，共同表现了权力的虚无及由此而起的反省。迎春与惜春的命运是入世的代价；惜春从出世获得救赎，妙玉却适得其反。而凤姐与秦可卿则是呈现现世秩序的虚幻。最为重要处，跛道疯僧的《好了歌》，实是宣告道家本无之义，他们的接引，使青埂峰下的顽石，经历了太虚幻境的一生，而宝玉在雪地中的一拜，终于拜别了，也背叛了象征权力的父亲贾政！这一部不朽的文学作品，其实已描述了儒道佛三家的各个层面的分合与其间的种种抉择。

从陶寺遗址的陶具，到《红楼梦》的儿女情缘，中国型的思维方式经历了复杂的长程演变，本文所述，只抓住了一些雪上的爪痕，不能呈现其过程的复杂。本文目的，不在撰写学术论文，只在提出一些线索，提供有心人自己的寻索思考。

2005.6

中国概念与其经济接口

2005年3月中,加拿大英属哥伦比亚大学举办了一场有关古代文明的讨论会,会中讨论的主题之一,即是古代文明的群体性质,大多数学者,遂以"国家"的观念,讨论考古学上那些复杂的大型社会。我则以为"国家"的观念,代表政治权力,包括"国家"对于其人民以公权力的名义,强制约束个人的行为(法律),收取人民的财富(赋税),及人身的服役(徭役、兵役)。一个以政治权力做主体的大型社会组织(国家),不论其君主、民主或阶级统治,往往有统治者与被统治者的区分,与一定的统治疆域(领土的主权)。然而,凡此观念,都在近代的国家形态,始呈现具体的内涵。

在古代,大型社会群体,还会有其他的形态。一方面,自古迄今,不同的社会复杂体系内也还有许多不同的变化过程,出现过各种形态的社会群体。近代国家的定义,多是欧洲文明崛起时,以其演变结果,推广于世界各处,以至举世以为这一近代国家形态，乃是人类社会群体的终极模式！

中国考古学上呈现的许多大型复杂社会，例如红山、良渚、陶寺、朱封、石家河等遗址，常被界定为"古国"，亦即古代的"国家"。

同时，一般意见又往往从这些文化遗址分布，推论出"古国"的势力范围。这一推论的过程，真实似有检验的余地。

人类行为，当有发生经济活动的接口，其在人类生活意义的重要性，当不下于人类基于支配欲而引申的政治行为。物质生活中，取得生活资源，除自家生产与暴力掠取外，贸易交换是最为常见的行为。新石器时代开始，人类逐渐发展了生产生活资源的能力，例如农业与畜牧，人类遂有定居的小区。此时，由于各地自然生态不尽相同，各地有其特产，也因此有本地难以取得的资源，以其所有易其所无，遂有区间贸易的行为。在两河流域古代文明，受冲积平原自然条件的限制，缺少木料石材，于是，两河流域的"城市"，常以神庙为中心，派遣商队远道取得这些自己欠缺的生活资源，神庙是集合人力与财力的指针，也是分配物质及支配人力的机构。两河城市的政治化，以至成为有力者执掌主权的城邦国家，即由此发轫，然后才演变为大型的王国。

以中国地区及其周边可见的情形言，由中国西去的"丝道"，自古是重要的区间贸易通道。"丝道"的路线颇多，从北计算，至少有三四条平行而又交叉的路线。兹以其通过天山南路的一条路线来谈，那些分散在绿洲上的城市，亦即《史记》《汉书》所记载西域的"居国"，实际上是自东往西长程贸易在线的商站。这些"居国"与其邻近的"行国"，亦即牧民的社与群，彼此之间又有互依的共生关系。

这一西域所见大型复杂社会中，其经济接口决定了社会性质，也因为商路上，东方西方文物都有遗留；于是，其考古遗址呈现的特色，遂既有诸方文化杂存的现象，各个绿洲与"居国"之间，又有相当的同构型。若缺少文献数据参证，单凭这一同质的现象，即可能因此而定位为同一文化系统的大型政治体，统一了天山南路的绿洲地带。

我们往往低估了古代人类相互通联求取生活资源的能力。以台海考古学为例，澎湖即有采取石材的遗址，而台湾则有澎湖石材加工的石器！横渡台湾海峡不是易事，以新石器时代的航海能力，居然可以搬运澎湖石材来台，其经济接口的行为动能颇为惊人！

以此推论，我大胆地假设，三千年前曾在陕北兴盛一时的朱开沟文化，其分布范围，跨越黄河大弧形地区，以河套及泾水流域为中轴，东边沿黄河有一半朱开沟文化遗址，南达山西省；西边也有一半遗址，沿黄河南达陇西。

至少这一东侧沿河的遗址，分布在狭窄峻险的河道西侧，其实并非很好的定居之地；我以为这些遗址可能是今日河套一带居民求取西南食盐的商站。

同样的猜测，还可试之于良渚文化的发展。

五千年前，良渚文化一度十分兴盛，其发达时期可能正是当地海退之时。当地居民在海水退出的地区，发展了稻耕农业，也发展了极度惊人的玉石雕琢工艺。然而，良渚文化社群，何以如此富有？若单纯从当时农耕水平，未必能有余力，兴建数十处人工山陵及大型建筑，以及耗费人力、物力于精美的玉石雕刻。我大胆假设，良渚文化的兴盛，也未尝不可能与其食盐贸易有关。海退之时宁绍丘陵地带，当有不少咸水的沼泽，经过自然风干，当地即可能有大量盐产。良渚文化遗物中，有一种石制的戽斗，初以为是稻作农业的戽水工具。但是，石制工具，用来戽水，是否太重？若是用来刮取沼泽边上积聚的盐层，岂非更为有效。

由此若作进一步推衍，良渚文化的遗址，过了长江，还可见其分布，北向达到今日山东、江苏的接界之处。这些北向分布的遗址中，颇有良渚文化与山东大汶口文化共存的现象。有人以为良渚文化社群，征服了大汶口文化的一些地区，遂有些不同文化混杂的遗址。这种解释，可能全由大型复杂社会是一个政治体着想。若是也从经济接口的交换推测，则北向发展的良渚文化遗址，是否也可能是良渚文化人群北向贸易的商站？

凡此都只是大胆推测，如何求证还须更多的考古数据。此处暂且一说，作为历史上诸多可能性的一些悬想项目。

由此同一思考方向我们还可考察中国皇朝政权的性质，是否在大一统的政治意义外，还有其他颇可寻思之处。我以为，中国这庞大的复杂社会，获取生活资源与确保经济利益，即是我人可以寻找其功能的方法。

西周封建亲戚以藩属国，建立了一个巨大的天下国家。所谓天下国家者，意指普天之下，莫非王土，率土之滨，莫非王民，乃是一个没有边界的秩序。因为没有边界，这一秩序有无限的进退空间。西周封建实是殖民帝国，姬姜人民，随处武装移民，就地封殖，夺取当地资源，维持其人民的生活。周代封国，其实是一系列驻屯在交通路线及战略要地的城堡，"国"

是城国，国护的驻防基地，周王室的号令，只能达到城邑的"国"，城外即是乡野。国人（君子）与"野人"之间，是华夏与夷狄的区分，其中并不意味"君子"的文化优于野人，姬姜与其外的异姓，以婚姻继承，也以城乡国野的资源共享，逐渐地融合为一个一个在地的共同体，缓慢将国人的殖民帝国，转化为春秋战国的列国。于是国人的封建网络，本是线形交织，在列国在地自我充实后，逐渐转化为战国的领土国家。

秦汉统一天下，中国本土建置郡县。这一庞大的政治体，因其内部的安定、区间贸易、互通有无，基本上，由于各地自然条件不同，各处特色足以互补，中国颇可自给自足。拙作《汉代农业》一书，即是探讨中国全国市场经济网络与精耕农业及农会工业的关联性。不过，这一天下国家，依然因其没有边界，其汲取资源的吸管，渐向中国以外伸展。中国与四夷诸群体之间，或和或战，其实都有经济接口的活动。战争是不得已的手段，贸易还是交往的常态，是以汉人文献资料（例如《盐铁论》、史汉中各外国传……）都陈述外地牲口、产品大量输入中国的现象。中国开通西域是为了"断匈奴右臂"，西域远在边外，人口不多，匈奴中国之间的军力平衡，未必受显著影响。中国西进，还是为了将西方贸易从匈奴转移到中国。是以西域道上，中国商贩络绎不绝。开通的西南夷，也是经济接口的利益见功，而完全未在经西南夷联络西域的战略目的上，有任何后果。

秦汉在边地郡县往往有"道"的制度，这些"县"下的"道"（例如僰道、牦牛道）深入戎狄，可能先是为了贸易而开辟的商路，继而成为移民拓殖的交通道路，最后则是官方经此管道设立行政系统。从汉代以下，迄于清代这一充实边地的发展过程，一次又一次重现于史书。古代希腊城邦的殖民，也由经济接口开始，母国的贸易在外面建立商站，然后有相当数量的人民移殖新地，即在地建立新的城邦，与母国互通贸易，但不隶属于母国。中国与希腊方式的不同，在于希腊是适合殖民，新城悬置海外，中国是先有网络上的郡县，分布的据点之间，有无数空隙，随时以"道"的延伸，补充填实。经济接口的接合，有其重要作用。

唐代帝国的声势盛大，但是帝国结构其实包括两套不同的管理。一套是内地本部，分道设立州县，编户齐民，以文官系统管理。另一套是羁縻州府，治所多达将近全国州县之半数，涵盖地区十分广袤，尤以今日中亚为多。这些羁縻州府的首长，都是在地族群的君长，挂了大唐的官衔（例如都督某处军事，某州总管之类），其实独立行使其治权。这些羁縻州府，愿意与唐廷有此关系，不单是为获得大唐承认其地位，也为了合法与中国进行贸易的利益。有些贸易（如日本）是以朝贡为名，大多数的中亚部族，则径以国内贸易的方式进行。

中国在中亚设立四镇，派兵驻守。从高仙芝在吐逻河之败的规模而言，军队人数不多，却配备了不少工匠。例如杜环《经行记》所载，高仙芝军中的中国造纸工匠被阿拉伯人俘虏，遂将造纸工艺传入中东。高仙芝当时带去大批工匠，生产诸种产品，我猜想，也有可能是就地生产中国工艺品，供应附近的市场，换取屯戍军队的给养。如果这一假设成立，则羁縻州府与中国的依存，仍是由经济接口功能所牵成。

唐代羁縻州府的建制，在中国后世历史上，沿用不绝。在边地的"属国",其君主取得中国册封,在国内是不折不扣的统治者,而对于与中国的贸易是以定时或不定时的朝贡,在边关或港口,由中国官商承接商货,中国则以"还赐"的名义,偿还贡品价值。举例言之,明清两代的琉球,不断派遣贡使来福建贸易,实是琉球与明清经济互动的重要项目。

在西南诸省,自从蒙古设立宣抚使等土官司,明清沿用此制。这些在地族群,大致言之,都保持相当程度的自治。对明代中国是受中央监督的地方官,对其臣民是十足的统治者。清代有过改土归流,但到民国时,云贵还是有土司土官。明清土官,也是以接受册封,保持合法的自治者地位,而又以中国体制内的贸易与白族交换资源。云南马帮,以食盐为工具交易土产,即是在地族群与中国市场的互动。

羁縻州府,土司土官的制度,以至日本朝鲜与安南等处的朝贡关系,无非是在中国"天下国家"的体制内,另辟既非外国,又非本部的特殊空间。这些单位名义上隶属中国皇帝;实际上则是在体制内的治权独立;而又以此特殊地位,在互利经济接口,参加中国庞大市场的资源交换。

以上所述,若以现代区域性的经济组织为参考,中国的华夏体制,自周代以来,即在文化界面之外,实也有相当重要的经济界面,维系其不在中国本部的族群与其国的关系,使其能参加中国的庞大经济体。"中国"的概念,实是一个文化、经济与政治三个接口的体系,其内涵的复杂程度与系统性,不是单一接口的体系可比,竟延续两千多年!今日欧盟,是由欧洲经济共存互动发展为经济共同体,然后演变为一个区域性的国家联盟。欧盟的发展,是由经济接口为主要接合的层面。中国传统上号称皇帝制度的帝国体,揆其实际,又何尝没有经济接口,维系中国文经体系的功能!

2005.5

中国中原与其邻近地区
史前时期的居住与食物资源

　　本文是关于中国史前时期一般人民生活的简述，不具有创见，但也并不追随常见的看法。

　　因为书写的文字系统最早追溯到殷商的卜辞，又因为周代封建统治实质上奠定了中国王朝夏商周传承的谱系，中国的历史传统遂以今日关中到郑州、黄河中下游的地区为中原。近代中国考古学的起步是以仰韶彩陶初次引人注目，又以山东黑陶文化与彩陶对立的理论为其最初的主调。数千年来，中原地区的考古发现又最丰富，于是，长期以来，中原中心论挂帅；即使在多元文化多元论崛起以后，中原的史前文化仍居考古学的最重要部分。故本文讨论的范围，是以中原及其邻近地区的新石器文化诸系统为主，并不包括稍为遥远的北方草原、西北高原与南方山地。

　　本文讨论的是史前人类日常生活，注意的重点是食物与居住，遂拟从农业起源说起。至于社会组织、国家形成、宗教、艺术等课题，则将在别的论文讨论。

中国最早栽培作物的开始，无论北方的黍稷或南方的稻米，目前可见的资料，都在中原之外。目前所知，最早的稻米遗址是玉蟾岩和仙人洞的稻属遗存。湖南道县玉蟾岩的四粒半稻壳，年代距今一万年以上，更具体的稻米遗存是湖南沣县彭头山发现不少墙泥中及陶泥中混杂的稻壳。彭头山文化的年代至少在公元前7000～前5000年之间，发现稻米的遗址，分布于长江中下游，也远达汉水上游的汉中盆地。①中国地区野生稻最为集中的分布区是华南、广东、广西及海南岛，但何以栽培稻却出现于湖南以北？目前的解释为华南地区的野生稻，随时可得，即使人类用为食物，并不必特意栽培。长江中游地区，冬季不能生殖，稻米是可以储存的食物，人类或即因此蓄意栽培了。

玉蟾岩遗址是山洞，可见当时人类居住在自然形成的山洞中。文化层出土了大量动植物遗存，包括鸟类、鱼类、蚌螺等物，加上许多植物种子，可见他们仍以采集食物为主要的生活方式，栽培稻米，还只是补充冬季的不足而已。②

进入新石器文化时代，江汉地区的人类文化是大溪文化。这一文化的年代还不能确定，但约略相当于公元前5000～前

---

① 张忠培，《20世纪后半期中国新石器时代考古学的历程》，张忠培、许倬云编，《中国考古学跨世纪的回顾与前瞻》（北京：科学出版社，2000），页33—34。

② 严文明，《中国稻作文明的起源》，张忠培、许倬云编，前引书，页36。

3500年之间，与北方的半坡文化及庙底沟文化相当同期。大溪文化的居住遗址大多是在靠近水源的高地，房屋大多为建筑在地面上，很少是半地穴式的居室。这些方形、长方形（也有圆形）的房屋，通常是立柱在预挖的墙基，柱间经竹片、木条抹泥为墙，再于室内挖洞立柱，支撑方形或圆形的坡状屋顶。屋内地面是经过火烤的红烧土块铺垫细沙，使地面平坦。有些房屋的墙外地面，还用红烧土铺成散水面。屋内常分隔为前后二室，中间有灶坑，四周有土埂，凡此都经抹泥敷平，灶坑有一红烧土台，可以放置圆底的陶釜，关庙山一座房屋面积是6米×6米，相当宽敞。

抹泥及红烧土块中，常有稻壳，经鉴定是粳稻，亦即今日中国人食用的品种。遗物堆积中，普遍可见鱼类，也有牛、羊、鹿、虎、野猪及狗骨，似乎食物来源仍多渔猎。

大溪文化遗址的石制工具，以斧锛、铲、锄、刀、杵为主，尤以斧锛，数量最多，当系用于木工、竹工。锄、铲则是耕具。由这些工具的形制推论，当时伐木不多，大致是纵火烧林，清除之余，以锄、铲耕种。从男女随葬用品的分布看，男女身旁都置放上述工具，但是置放在男性身旁的比例远大于女性身旁，可见男女之间，并无明确分工，但是男性已占重劳力的主要部分。陶器器形多圈足器，很少见三足器，想来是以釜类陶器煮食，而不像北方以三足鬲类为炊具。[1]

---

[1] 中国社会科学院考古研究所，《新中国的考古发现和研究》（北京：文物出版社，1984）；中国社会科学院考古研究所湖北工作队，《湖北枝江关庙山遗址第二次发掘》，《考古》1983.1；四川省博物馆，《巫山大溪遗址第三次发掘》，《考古学报》1981.4。

环太湖地区，包括长江三角洲及浙江杭州湾一带的河姆渡文化和马家浜文化也是稻米文明的新石器文化。河姆渡文化的年代依推测当在公元前5000年前后，河姆渡遗址第四层的陶器，均是以稻茎、稻叶与稻壳和泥烧制的黑陶。陶器以圜底的釜罐、盆为主，尤以釜为数最多，当是烹饪用具。河姆渡民居都是木结构的地面建筑，河姆渡遗址中出土十余排由木桩、圆木与木板组成的建筑群，大体平行分布；其中保存最好的一座建筑，23米×7米，是一座长方形的干栏式长屋，还附有前廊，上层居住，下层堆放杂物。这种建筑的工程程序，是先打桩，架横梁，铺地板，再在地板上立柱，做墙，加设屋顶。木构件之间，用榫卯与绑扎连接，其设计开启了数千年来中国木结构建筑的基本原则。浙江沿海气候潮湿，干栏式建筑，通风防潮。古人如此设计，十分合理。太平洋地区海岛居民的干栏式建筑，至今还保留这一特色。

这一遗址居住区内，出土大量碳化的稻壳、稻叶，米、壳的堆积，最厚处可超过一米。稻壳还可以辨识，稻米清晰可辨，经鉴定是栽培稻的籼亚种晚稻型水稻。此外则有成堆的橡子、茭白、酸枣、桃仁、薏仁等今日仍在南方常见的食物。动物有猪、狗、水牛，这些已是人工饲养的家畜了。出土的工具，石器不多，多的是骨器及木器。动物肩胛制成的耒、耙、锄、舀等农具；木制的则是匕、铲、槌等工具。从以上数据，可以推知，河姆渡的稻作农业已很发达，主要的动物食料，也已来自家畜。[1]

---

[1] 浙江省文物管理委员会、浙江省博物馆，《河姆渡遗址第一期发掘报告》，《考古学报》1978.1；浙江省博物馆自然组，《河姆渡遗址动植物遗存的鉴定研究》，同上。

公元前5500～前3050年，是全新世以来的第一次回暖期，浙江的气候当与今日华南相近，其实颇具野生稻生长的条件。诚然，以目前的考古资料，湖南的稻米遗存早于浙江，但浙江稻米究竟是独立发展为栽培稻，抑或是由湖南传入浙江，我们还难以肯定。

　　大溪文化的晚期，水稻农业已是常见，许多房屋基地与墙皮中都掺杂大量稻草与稻壳。居住房屋，都是平地建筑，还有建筑在填高的台基上的房屋。房屋单间及一间隔成两间的格式，均为常见。竹材、竹篾均已用于建筑，大溪文化的上层是屈家岭文化，居住形式与大溪文化相似，只是多间（多到五六室）的房屋更为常见。屈家岭遗址的稻米遗存，数量十分巨大，有一处五百平方米的范围内，掺有稻壳和稻草的红烧土，总量有二百立方米之多！①

　　屈家岭文化之后是石家河文化。这一文化的稻米遗存，处处有之，聚落遗址中有三个层级的布局，最大的城址，有一百二十万平方米之巨，四周围绕分布中型聚落，中型聚落的四周又有大型聚落。在八平方公里的空间内，布满十六个聚落，十分紧凑，每一个聚落的活动空间，也非常有限。这些聚落内的房屋有地面式、干栏式，与高台式，甚至有以半地下基地，建筑之下两层居住空间的"楼房"。房址大小由单间至多间大室，凡此现象显示，到了新石器文化晚期，聚落构成一个网络，居民的生活彼此相依，已不是单纯的渔猎耕作为生的农村，而是

---

① 中国科学院考古研究所编，《京山屈家岭》（北京：文物出版社，1965）。

有了职业分化与地位的差别。至于其中隐含的细节，当于社会经济发展专文讨论，此处不予评述。

总之，由彭头山时期到公元前第三千纪的石家河文化，长江中游一般平民百姓的生活，经历了巨大的变化，他们从单纯的生产食物，转变为相当复杂的社会网络，必须面对权力与财富分化的生活。①

长江下游及杭州湾的菘泽文化与良渚文化，先后相迭，应在公元前3500～前2500年前后，都是稻米农业的文化，良渚文化以其精美的玉器与人工土山墓地著称，本文不加赘述。良渚的农具，出现了犁铧、破土或耘田器，用于水田耕作，石犁不大，是三角形，应是犁具的铧，想来是与木制犁身相配，有分土的功能。破土器当是用于开沟，可能须二人合作，一人前挽，一人后推。良渚文化的所在地是海退后的沼泽地带，草根纠结，不经过犁翻，不能开辟为水田。② 良渚文化普遍出现的有段石锛，是东南地区常见石器，却也是东南亚地区石器传统形成的一种特征。

台湾地区的稻作农业，在芝山岩文化与凤鼻头文化（二者时代相近，都在公元前2300～前1800年）及稍后的冈山文化（公元前2000～前1500年），都有稻壳遗物。芝山岩的两块碳化的稻壳，经鉴定应是圆粒形粳稻。台湾这些史前文化的居

---

① 高蒙河，《长江下游考古时代遗址的空间分析》；宋建，《长江中游的文明化进程与环太湖地区比较》；裴安平，《澧阳平原史前聚落形态的研究与思考》，均见于吉林大学边疆考古研究中心编，《庆祝张忠培先生七十岁论文集》（北京：科学出版社，2004）。

② 牟永杭、宋兆麟，《江浙的石犁和破土器试论我国犁耕的起源》，《农业考古》1981.2。

民，大量食用鹿类及贝类，似乎并不全仗栽培稻为主，还须配合采集与渔猎的食物。①

中原的农业则是黍稷的耕作，考古学上称为粟作。其实这一类的农作物，包括黍、稷、粟、粱，也有其时空的个别性，只是考古数据难以区分而已。粟作农业的地区涵盖整个北方。最初，山西怀仁窑子头细石器遗址，出现了若干石锄及石镰，在鹅毛口的石场遗址，也有同样的发现。考古学家认为这些发现显示细石器时代，农业已经开始了。②

河北武安磁山、河南新郑、裴李岗、山东滕县北辛，诸遗址都有农具（如角锄、蚌镰）及处理食物的工具（如石磨盘、磨棒）出土；而磁山与裴李岗遗址是有灰坑中堆积的粟类遗存。凡此都清楚显示，黄河下游地区，在公元前6000～前5000年间，已开始有栽培农作物的农业了。③

---

① 黄士强，《台北芝山岩遗址发掘报告》（台北：台北市文献委员会，1984）；李匡悌，《龟山遗址出土食用贝类及其相关问题的探讨》，《田野考古》5.1 (1994)，页45—86；Change and Stability in the Dietary System of a Prehistoric Coastal Population in Southern Taiwan (Ph. D. Dissertation. Arizona State University, Tempe, 1997)；《台湾的第一把稻米和第一只狗》，《中国时报》（时报科学与人文）B4 (2004.7.5)；《从考古遗留论台湾史前人的饮食习惯》，《中国饮食文化》1.1 (2005)，页49—98。

② 贾兰坡、尤玉柱，《山西怀仁鹅毛口石器制造场遗址》，《考古学报》1973.2；陈哲英、丁来普，《山西怀仁窑子头的细石器遗存》，《史前研究》1984.4。

③ 河北省文物管理处、邯郸市文物保管所，《河北武安磁山遗址》，《考古学报》1981.3；中国社会科学院考古研究所河南一队，《1979年裴李岗遗址发掘报告》，《考古学报》1984.4；中国社会科学院考古研究所山东队、山东省滕县博物馆，《山东滕县北辛遗址发掘报告》，《考古学报》1984.2。

黍、稷、粟类，今日通称为小米，颗粒细小，中国人一向是粒食，并不像西亚专食必须磨研为粉状。于是，考古发现的那些磨盘与磨棒，究竟有何用途？北方驯化小米与长江中游驯化稻米，时间颇为相近，而且淮河流域，考古遗址常常稻、粟共见。遂有可能从狗尾草驯化小米，引发驯化稻米的灵感。如此说成立，则那些磨制工具，考古孢粉测验，显示那时颇多松、榆榛、野胡桃之属，是否可能是用于研磨这些果核为食？①

兹先讨论关中/黄河下游，这一传统上称为"中原"的考古遗存，这一地区有黍稷与稻谷两种栽培作物。河北磁山在其东，有至今最早的粟米遗存；陕西西乡在其西，有老官台文化时代的稻米遗存，后者年代为公元前6450～前6100年之间。这一地区的新石器文化主流是仰韶文化的半坡与庙底沟两期，年代分别是公元前5000～前4000年及公元前4000～前3300年，下接河南龙山文化（公元前3500～前2000年）。整体言之，半坡文化的农业成分较之庙底沟文化为弱，仍颇有渔猎工具，而后者则石器中农具的比例大为增加。庙底沟文化发展活力甚强，半坡文化几乎未东出关中。庙底沟文化则逐步延伸到黄河下游，与东方及北方文化相激相荡，经过河南龙山文化的阶段（庙底沟二期），发展为二里头文化及其同时代的黄河中下游文化，终于成为中原文化的主干，并由此进入青铜文明。

这一系列的史前文化早期居民，先是居住在平原丘陵或浅

---

① 朱延平，《关于中国栽培植物起源问题的探讨》，见于吉林大学边疆考古研究中心编，前引书。

山的山口，遗址通常在离河不远处。遗址不大，聚落中的居住遗存，大致都是半地下穴，周边有柱洞的植柱撑起四坡式的屋顶，墙壁是藤条编结，糊泥有门道入室，室内有灶，灶的位置或在中央，或在门侧，室内平压涂泥，居住面积不大，多是可容三四人至四五人。炊具是圆底陶器，但逐渐发展为三足器，后者（鼎鬲）遂成为中原器皿的特色。灶边常有一个陶罐，以保留火种。小口尖底壶是早期容器的特色，今日西安半坡新石器文化村落的博物馆，即呈现一个聚落的情形；以濠沟保护居住区的若干房屋，毗邻则是烧制陶器的窑场，及濠沟分隔的墓地。他们畜养的动物主要是猪，其次则是狗，又次是鸡、羊、牛；聚落旁侧的围栏，当是饲养牲口的地方。野生食物的遗存，不少是鹿、獐、狐、兔之属及鱼骨，可知其食物来源仍相当依赖渔猎。①

陕西临潼姜寨遗址的年代，是在仰韶文化的早期（公元前4840～前4085年），濠沟围绕的遗址内有68座半地穴房屋，其中63座是平均面积13平方米的小型居室，5座是平均面积82平方米的大型房屋。据原报告估计，同时居住人口当在500人左右，但若以小型房屋由3～5人的核心家庭居住，同时居住的人口应为189～315人。大型房屋的用途，可能不是居住，而有公众用途；假定也一样有人居住，则五座大型房屋的居住人口是15～25人。聚落总人口将为189～340人之间，这一聚

---

① 中国社会科学院考古研究所编，《西安半坡原始氏族公社聚落遗址》（北京：文物出版社，1965）。

落的面积是 1.2 公顷，则每公顷人口密度是 158～283 人之间。① 这一数据可以作为仰韶文化早期村落的参考底数，由于仰韶文化的初期，农耕与掠猎都是食物的来源，如果有半数人口每日外出觅食，而其步行来回半日的路程，这一二百人的维食圈半径，至少须 5～8 公里。

这一文化时期，墓葬中的婴儿瓮棺为数众多，据估计，当时婴儿墓葬占成人墓葬 40% 左右，婴儿的存活率相当小。元君庙的墓葬情形，14～30 岁的青年占 45%～55%，31～45 岁的中年占 38.06%，46～50 岁以上的老年占 16.41%，其中无人活到 60 岁。史家遗址，成年人的墓葬中，男性占 2/3，女性占 1/3，元君庙成年男女的比例是 60% 与 40%，大约女性在儿童时期及青少年时期的死亡率，又大于男性不少。② 在江苏邳州市刘林大汶口文化遗址，及邳州市大墩子遗址的男女比例，合计为 1.3∶1，亦即 57%、43%，女性成年存活率高于仰韶早期。鉴于陕西与江苏北部的地理状况（尤其气候）并不相同，维生来源也随之不同，两群文化遗址男女比例不同，也是可以理解的。③ 凡此数据，均可有助于认识当时生活的艰难。

---

① 西安半坡博物馆、陕西省考古研究所、临潼县博物馆编，《姜寨新石器时代遗址发现报告》（北京：文物出版社，1988）。又，这一数据系据原报告数据调整。赤峰中美联合考古研究项目编著，《内蒙古东部（赤峰）区域考古调查阶段性报告》（北京：科学出版社，2003），页 69。
② 严文明，《横阵墓地试析》，《文物与考古论集》（北京：文物出版社，1986）。
③ 南京博物院，《江苏邳县四户镇大墩子遗址探掘报告》，《考古学报》1964.2；《江苏邳县刘林新石器时代遗址第二次发掘》，《考古学报》1965.2。

仰韶文化后期（庙底沟文化）以及龙山文化（包括后岗二期文化、陶寺文化、客省庙二期文化……），亦即公元前第三千纪的后半段（公元前2600~前2000年），这一时期之后，中国地区即进入青铜文化的时代。中国北方，尤其中原地区，农业已成为主要的生产业。农具之中，早期原生的石铲发展为平直的石锯，是用于农耕翻土；多用途的石刀，演化为磨制穿孔易于掌握的收割工具。这些变化象征农耕效率的提高；当然，农获量也大了。一处窖穴收储成千斤的存粟，已是考古遗址常见的事。①

房屋不再是单间，一次建成的多间房屋已很普遍，筑屋工序，先平地基，涂草泥，抹泥浆，挖墙基的沟槽，立柱，填芦苇束，架横梁，撑起屋顶，再在墙壁及屋顶涂泥浆，甚至以火烧红泥土，使其坚硬。这些房屋，二间、四间、五间不等，房间有灶，灶旁有护壁，则灶的作用，不限于烹饪，更可能是取暖。②

河南淅川下王岗仰韶三期遗址的长屋，更具有惊人的规模，该建筑坐北朝南，长八十五米，深六点三米~八米，个别情形不等，排列二十九间房间，又由东头南伸为三间，共有三十二间，其中有单间房，也有套间；每一单元又都有门间及内室，十一间套房有灶。西头还有一间仓库，由十九个柱洞围成

---

① 黄其煦，《黄河流域新石器时代农耕文化中的作物》，《农业考古》1982.2。

② 郑州市博物馆，《郑州大河村遗址发掘报告》，《考古学报》1979.3；严文明，《仰韶文化研究》（文物出版社，1989）。

圆形，其中并无居住痕迹，可能是架在柱子上的粮仓。①

这种长屋，显示一个大家族的紧密组织，而家族成员又各有独立的房屋及出入口，可能也已有独立财产。西头的粮仓，又可能是家族共有的仓储。这是同村分灶的组织形态。较之过去一个聚落都是单间的安排，这些中原文化的居民，毋宁有相当紧密的集体意识。至于秦安大地湾遗址大房子与小房子配套的仪礼中心，及陶寺遗址近来发现有测量日行轨迹的大房子，均当在社会组织的专文中讨论，此处仍只陈述一般百姓的起居与食物，不涉其他。

其次讨论以大汶口文化为主的山东地区。这一北辛文化——后岗一期文化——大汶口文化——山东龙山文化——岳石文化的新石器文化系列，经历公元前6000～前1600年，四千多年漫长的发展过程，涵盖的区域虽有进退，基本上以山东半岛为主，向北伸入渤海冲积平原，南向伸入淮泗流域，西向在黄河下游与中原的文化系列拉锯进退。这一系列曾与红山、中原、屈家岭及良渚，几个中国古代的文化系统都有接触，彼此交流，互相影响。

后岗一期的农业发展程度，从石制工具的类别言，后岗一期虽有锄耕，但用于收获的农具，数量颇不比半坡文化；看来后岗农业的生产效率并不很高。这一时期的房屋，大致为圆形或方形的半地穴式建筑，有一条出入通道，居住面用细土抹

---

① 河南省文物研究所编，《淅川下王岗》（北京：文物出版社，1989）。

平,有一层烧土,可能是因炊事形成。①

接续的早期大汶口文化,其涵盖范围虽因受庙底沟文化的压力,而收缩不少,活力却颇充沛。以居住情形言,若由刘林期的长岛北庄遗址为例,房屋都是圆角方形、长方形的半地下穴,深不足一米,面积约三十平方米,门道前伸,墙壁修整,涂抹细密纯净的黄泥,上半截的墙壁是木骨草泥,四壁相当均匀地布列二十五个柱洞,其中居住面有中央两个柱洞,门道左右各两个柱洞,撑起四角攒尖的屋顶。室内有三个灶,门口左右各一,后墙正中之下有一个大灶。这一建筑当可复原为相当堂皇的房屋,内部既有一大灶,两小灶,想来是三个居住单位。② 这一时期饲养家畜,当已为家居生活的常事。江苏邳州市刘林遗址的六百多件兽骨中,猪牙床占了20%,此外则是牛羊及猪骨。有一件猪牙雕刻的猪头形饰物,甚为逼真,足知是日常生活中熟悉的形象。③

刘林时期的墓葬,男子随葬品中颇出现了一些觚形杯,如果这是酒具则粮食已用来酿酒,而男子已习于饮酒了。龙山文化遗存中蛋壳陶杯,其薄无比,十分细致,应是礼仪性的饮酒器皿了。

公元前第四千纪到公元前第三千纪的中期,这一地区的新石器文化是相当出色的大汶口文化。再接下去则是公元前第三

---

① 中国社会科学院考古研究所安阳工作队,《安阳后岗新石器时代遗址的发掘》,《考古》1982.6。

② 北京大学考古实习队、烟台地区文管会、长岛县博物馆,《山东长岛北庄遗址发掘简报》,《考古》1987.5。

③ 江苏省文物工作队,《江苏邳县刘林新石器时代遗址第一次发掘》,《考古学报》1962.1。

千纪为主的山东龙山文化,山东地区的文化势力颇有扩展,今苏北、豫东、冀南及渤海地区,都在大汶口龙山文化的范围之内。

这一广大地区的农业,并不只是粟作,在淮河流域及豫东,也有稻作的农业。考古遗存颇见数千斤储粮的朽灰的粮仓。① 农业生产量提高,才可能有酿酒的原料,有仓储粮食,则余粮也可能用于酿酒。

建筑技术方面,山东日照东海峪有夯土建筑的房屋,先筑台基,然后夯筑墙壁及室内地面,夯坑明白可见,层次分明。另一方面,淮阳平粮台房屋则是以日晒土坯砖筑墙,夯筑及土坯砖,都在日后中国建筑之技术上,占有十分重要的地位。有了这两种方法,即易于起筑房屋,而且房屋形状及面积,都易于安排,平粮台的土坯房,其形状规模均与现代土坯房无甚区别,基本上摆脱了前此半地穴式的居住方式。②

另有一项值得提出的现象,则是聚落中宴饮风俗。安徽蒙城尉迟寺的大汶口居住遗址,有五十余房屋遗址,密集为一个聚落,其中房屋的建筑,系用火烤硬的红烧土地面及土墙。五十余座房址分成九列,排列有序,其中有一座较大的房屋,有六十八件烹饪、饮酒及储存用的器皿。这一数量的器皿,远超过一个家庭的必需之用。而且其中还有一件大口瓮,当是礼仪

---

① 昌潍地区艺术馆,《山东胶县三里河遗址发掘简报》,《考古》1977.4。
② 山东省博物馆、日照县文化馆东海峪发掘小组,《一九七五年东海峪遗址的发掘》,《考古》1976.6;河南省文物研究所,《河南淮阳平粮台龙山文化城址试掘简报》,《文物》1983.3。

性的器皿。据刘力分析,这种大量器皿集中于一处,当是聚落小区礼仪性的宴食。如此说法,则经籍所谓乡饮酒礼,竟可追溯到大汶口时代了。①

再往东北方面,东北大小兴安岭及辽河流域发展的新石器文化,从公元前第六千纪到公元前第二千纪中叶,也有数千年的谱系。最早的兴隆洼文化,于旧遗址中的半地穴建筑,大致都是一个长宽六米左右的土坑,地面砸实,里面有柱洞,中央是灶。这种房屋,并无门道,似从房顶以木梯出入。石器及骨器遗存,多渔猎工具;遗存中有硬壳果实,可能是胡桃楸果。是以,即使有了农业,他们的食物来源仍是以渔猎及采集为主。②

红山文化(公元前第四千纪到公元前第三千纪初)是东北文化的极盛期,其玉制器及大型礼仪中心(如积石冢及女神庙)均脍炙人口。但本文的范围并不涉及这些主题,是以此处不赘述。

红山文化时期,房屋建筑大量使用厚大木材,作为柱及墙边的护壁,十分坚固,并已由地穴改变为依坡建筑或地面的房屋。由农具的形制及数量言,农业已颇发达。然而,东北地区森林及河流,提供了丰富的渔猎资源,那时的人类生活遗存,

---

① Li Liu, *The Chinese Neolithic*: *Trajectories to Early States* (New York: Cambridge University Press, 2004), pp. 42-44;中国社会科学院考古研究所编,《蒙城尉迟寺皖北新石器时代聚落遗存的发掘与研究》(北京:科学出版社,2001)。

② 中国社会科学院考古研究所内蒙古工作队,《内蒙古敖汉旗兴隆洼遗址发掘简报》,《考古》1985.10。

当然也多鱼类及禽类骨了。①

陈述了中国"中原"及其四周的新石器文化中，平民百姓的居住情形及食物种类，由于数据有限，而且本文范围不拟牵涉精神领域及社会组织等课题，此处叙述，卑之无甚高论，只是一些卑微民居及可能的食料。由上述内容当可觇见中国境内稻作与粟作两个传统，其间平民生活颇有差异。南方稻作地区的生活水平似比北方粟作系统的情形，较多生活资源，也可能因此住得舒服些，饮食的食料也丰富些。中原的东边，山东地区的平民生活也似比中原为优裕。

东北地区与渤海平原的夏家店文化，有其独特的发展，应予分析。夏家店下层与上层的分界线，是在公元前2000年，这一年代在中国史前历史，具有重要意义——这时期正是青铜文化在中国涌现，也正值中原地区的文化呈现优势。

夏家店文化下层，范围涵盖地区，由辽河流域到渤海冲积平原的中心部分。这一文化的居住遗址，大多是石块或土坯为墙的地面建筑，遗址也常有石筑的围墙。但在上层夏家店文化时代，石筑房屋不见了，代之以土坯与木条涂土的半地下房屋，室内地面夯实，火灶则是一堆灰烬。遗址数量少了，遗址之内，灰坑较为常见，居住遗存反而不多。陶器品质较差，烧制的温度较低。

以食物资源言，这一地区的史前人类，颇多肉食，在遗址中的动物骨骸，颇为常见。但上下两层的文化遗址中，下层出

---

① 辽宁省博物馆、旅顺博物馆、长海县文化馆，《长海县广鹿岛大长山岛贝丘遗址》，《考古学报》1981.1；辽宁省博物馆、旅顺博物馆，《大连市郭家村新石器时代遗址》，《考古学报》1984.3。

现的骨骸，猪骨为多，上层则以羊类为主，也出现了马，显示两种不同的生活方式。①

这一时代性的变化，中国考古学界一般的理解，解释为这一地区文化的衰落。然而，夏家店上层文化，已有青铜工具与武器，不能说是文化的衰落。青铜器与马匹作为服役的牲畜，其来源及发展，仍是必须探讨的重要课题。此处更宜注意处，则是石墙居住聚落不见了，是否意味原有的社会共同体解体，而许多小百姓的生活较前穷困，以致石墙建筑的地面房屋渐渐为半地下的土坯房代替？另一方面，宁城小黑石沟的石椁墓，随葬品丰富，多达数千件，其中包括九十余件青铜制品及一件中原形制的铜器。② 这一墓葬与绝大多数的小墓相比，已有集中的现象。

美国匹兹堡大学的考古队，以地面文化遗存的分布，分析其遗址与河流的关系，发现下层夏家店文化的遗址，离河较近，上层的遗址则离河远，而且扰及坡地，侵入林木地带；上层夏家店文化的遗存也更多砍伐用的工具。③ 凡此显示，上层夏家店文化的居住民，生活方式有所变化，出土羊骨之普遍，可能当时生活资源的来源，已渐由农业转向农耕与畜牧并重。凡此变化，与青铜文化的出现，北方草原文化的发展，以及夏家店文化涵盖地区人群的社会组织形态，诸种因素之间的复杂

---

① Gideon Shelach, *The Rise of Pastoral Adaptation in Northeast China during the Five Million B.C.: Local Processes of Interregional Interaction* (MS, 2004).

② 项春松、李义，《宁城小黑石沟石椁墓调查报告》（北京：文物出版社，1995）。

③ Gideon Shelach，前引文。

因果，目前还难以梳理。可以指出者，东北地区与中原之间的文化发展方向，在此时显然分道扬镳，要到春秋战国时期，才又合流。中原二里头文化的迅速发展，则也是与青铜文化的出现有相当关系。

山东半岛上，大汶口/龙山/岳石文化系列的发展形态，可与东北文化系列做一比较。大汶口文化与龙山文化相继发展，与中原、东北，及南方三个方向的史前文化互相影响，而其气势之盛，并不弱于这三个方向的邻居。在公元前2000年前后，山东地区的龙山文化演变为岳石文化，其呈现的现象，却又惹人思量。龙山文化遗址多，聚落大，陶制品的素质优良。相对而言，岳石文化遗址减了不少，聚落面积也变小了。这一文化衰落的现象，颇与夏家店上层文化遗存相似，其中因果，是否与中原二里头文化崛起有关？① 若从夏家店上层文化的变化对照，岳石文化一般生活状态的改变，可能与青铜文化引发的社会变化有一定的关系，而未必是由于中原文化的压力，使这一文化丧失了发展的动力。但由岳石文化分布的地域说，西到豫东，南至淮河地区，都有岳石文化的踪迹；由居住方式说，岳石文化遗址，颇见版筑的夯土建筑，较之龙山的夯土坚实多矣。岳石文化一般遗存的质差量少，或者也是由于原有共同体的解散与生活资源的集中于新的掌权阶层。这一课题，还可能联系到军事领袖权力增长，夺去了宗教领袖（巫觋）、宗教长老的权力。青铜箭镞的出现，当可理解为新的武器与新的资

---

① 邵望平，《岳石文化山东史前考古的新课题》，《山东史前文化论文集》（济南：齐鲁书社，1986）；高广仁，《岳石文化的历史地位》，《海岱区先秦考古论集》（北京：科学出版社，2000）。

源，在人类生活中，改变了权力支配的形态，当然也就改变了一般人民的生活方式及其水平。

新石器文化发展到青铜文化，这一发展的中心地区，竟是以"中原"为主！青铜制作技术、马车，及文字，三项重要的文化因素，使中原地区的文化发展成为日后中国形成大型国家及复杂文化体系的重要推力。在社会因素与知识力量介入后，中原的崛起，终于将周边各区，降为商周文化的附庸！经过这一变化，新石器文化时代的地方性发展，遂一步一步为中国地区整体的发展，吸纳为各文化系统间不断的互动了。

综结新石器时代的居住，南方的木结构与北方的夯土和土坯，在日后长传保留于中国建筑技术，以至于今日。新石器时代的食料，大米与小米，在麦类粉食传入中国后，三者鼎足而立，都是中国人的主食。猪肉与鱼类，也始终是中国食物中蛋白质的主要来源。这些传统，源远流长，永为东亚文化的重要成分。

中国古代平民生活
——食物、居住、衣着、岁时行事及生命仪礼

重建古代中国人类的生活，尤其史前人类的日常生活，其有一定程度的困难。第一，从考古学取得的数据，其实并不完整。第二，文献留下的数据，经过记忆的传承记录、整理、编纂，其中已多有遗漏、误传与阐释的扭曲。第三，中国广土众民，地区性的差异不少；古代数据流传的时间不短，时空维度的落差，无法求其一致与同步。第四，无论考古数据，抑或是文献数据，大致都以社会上层人士留下的讯息为多，有关常民百姓生活的资料，往往相对不足，于是社会维度的落差，也会导致重建古人生活的偏颇。凡此四项困难，均难有医救之处！是以，本文叙述的中国地区古代人类生活，终究不能完整周全；本文的努力，只是尽其所能依据，勾勒古人生活的轮廓而已。

在旧石器时代，人类的生活其实与其他动物的生活方式相

似。人类是杂食的动物,荤素不拘,采集渔猎,均可维持生命。人类为了求食,不能定居一地,至多将妇女与孩童留在较为安全的地方,例如洞穴岩窟,男子则游走四方,寻找食物。在一个地区的食物来源已经穷尽时,则妇孺也须迁移,开拓新的食物资源。

人类能够生产自己的维生资源,是人类迈向文明的一大步。无论畜养幼畜,还是种植农作,一旦有了靠得住的食物来源,人类即超越一般灵长类动物,提升到另一境界。人类从此定居于一地,生育繁殖,歌于斯,哭于斯,聚族于斯,也因之而有了领土的观念。这是柴尔德(Gordon Childe)界定为聚落生活的阶段,较之"新石器时代",更有具体可见的划时代指标。本文的叙述,即以中国古代文化的这一阶段为起点,而以秦汉统一帝国前夕,亦即所谓先秦时期,为其下限。论述项目则包括饮食、居住、衣着、岁时行事,及生命仪式为主,也稍涉与之相关的心态与观念。本文首节已说明,重建古人生活,受资料的限制,既不能周全,又不允详于上层社会略于常民生活。为了稍为平衡,本文于国家,宗庙诸项有关的项目,均予从简,庶几这些王公贵族的生活不致占去过多的篇幅。

先说饮食方面的情形。人能保持稳定而又足够的食物来源,大约只有五项可能:一是农耕,栽培植物,以供食用;一是畜牧,豢养动物,食肉饮奶;一是养殖水产为食物,一是某些食物没有经过人工,人类却知道某一类食物的性质及足够供应的来源。最后一项,其实不是人类自己动手生产的食物,例如,有些林中居民熟知蜂巢的地点,几乎能掌握蜂蜜以稳定供应;又如,有些水溪的居民,熟知浅滩附近的贝类集中地,使他们能够长期以贝类生物为食；中国东南与华南沿海，包括台湾地区，考古学家颇能从贝丘、贝堤找到附近的居民聚落，台北、冈山即有大量贝壳堆积，"中央研究院"历史语言研究所李匡悌曾以分析遗址的贝类遗存，推知其时间地点等讯息。海边或江河边上的遗址，也往往出现大量鱼骨，显示鱼是重要食物来源。但上述贝壳与鱼骨的大量出现，并不能直接引证当时人类因有稳定食物来源而长住于这一遗址，至多说明他们颇为以此为生。

北方草原及其邻近地区的新石器时代遗址，在遗存的动物骨骸中，常见幼年动物的骨骸占了不少比例。考古学家以为这种现象，说明当时已有畜牧业，因为若是狩猎获得的食用动物，成年动物的比例应多于幼兽。然而，畜养动物，尤其食草动物（例如牛、羊），超过一定规模，牧人便须移动就食，亦即发展为游牧生活，也不能有长期定居的聚落。

由上面所述推论，柴尔德将农业革命与形成长居聚落（urbanization）当作相伴发生的现象，确谓持之有故，言之成理。

人类有计划地栽培一些可以食用的植物，当是各地独立发生的现象。我在早年，曾检查古代文献，发现《礼经》保存的古代礼仪中，尤其农耕仪式的籍礼，女性主持保存种子，而男性则主持耕种部分的仪式。在祭祀及社交仪式中，男性供献的礼物是动物（如雁）或动物制品（如鹿皮），而女性供献的礼物是植物（如坚果、黍、稷），我以为这种男女分工，应是反映古代的记忆。男子狩猎寻求食物，妇女在家抚育子女，同时在附近采集植物为食物，日久之后，妇女由经验中学到了栽培植物，取其根茎果实及颗粒为食，是即农业的肇端！①

中国农业的主要谷类作物，在北方是黍、稷、粟一类的"小米"，在南方是水稻。至今最早的小米农耕遗存，是公元前6000年的裴李岗、北辛、河北磁山、陕西的老官台等文化，而其石器有石铲、石锄，可用于挖掘黄土地带土质较为松散的土壤，有锋口平整的石刀，当是收割黍穗的镰刀，还有用于将谷物加工的石磨磨盘与石杵。在有些遗址出现了堆积粮食的灰坑，其中还有籽粮的堆积。②

在新石器时代，黍稷农业广泛地分布于黄河流域、南至淮河与河北流域。黍稷是由狗尾草、狼食草的远亲驯化。这些黍稷的远亲，是中国北方黄土地带的原生植物，因此，黍稷驯化即是在中国北方完成。黍稷类作物耐风耐旱，也易于收割，其营养价值甚佳。黍稷的颗粒微小，成熟时易于散落，则是其不如麦类之处。后来黍稷类分化为许多支属，各有名称，其中粟粱颗粒较大，遂成为中国北方人民喜爱的谷食。麦类的原生地及驯化地都是亚洲西部的两河流域，进入中国时，当在公元前3000年左右，但麦类成为中国北方常用谷食，是在发展为粉食时，其时代已在东汉了。总之，由新石器时代早期以来，黍稷类的作物，无疑是中国北方主要农作物。

中国的南方，则以稻类为主要食物。稻类的原生地，至今仍是聚论的课题。论气候的自然条件，温热的华南沿海，尤其

---

① 许倬云，《从周礼中推测远古的妇女工作》，《求古编》（台北：联经出版事业公司，1982），页308以下。

② 河北省文物管理处、邯郸市文物保管所，《河北武安磁山遗址》，《考古学报》1981.3。

河口三角洲的沼泽地带，是野生稻的原生地。然而目前所知最早的栽培稻遗存，却是在长江中游的湖南沣县城背溪彭头山等处及浙江余姚河姆渡诸处遗址，其年代为公元前6000年至前5000年。而湖南道县玉蟾岩山洞发现的栽培稻颗粒，年代又早一些。玉蟾岩的稻粒，并无其他配套的遗存，姑置不论。城背溪及河姆渡两处，气候较为温和，不如华南终年温热；两处都是沼泽地形，配套的遗存甚为众多，城背溪遗址有稻田遗存，河姆渡遗址有大量储存的稻谷、稻壳，及稻叶的堆积，并有整套农具（如骨锄、骨铲、骨锯、木铲之属），其为相熟的稻作农业，昭然若揭。栽培稻不见于华南原生地，而在长江中下游出现；可能因为原生地物产丰富，易于觅食，但湖南浙江诸处，均有冬季，食物供应有一段空档期，栽培的作物的量产，可供储存防饥，这是需要促成了发展栽培农业。

新石器时代稻作农业的遗存，不仅在长江中下游，也见于汉水上游及淮河流域。北方食黍米与南方食稻之间，遂有中间一片相当广阔的重叠地区。这一局面，延续数千年，即使后来麦类逐渐取代黍稷，在北方两者仍是共存，过了淮汉重叠地带，南方始经以饭稻羹点为食物主要来源。

这两项栽培作物，因为南北地理条件不同，各有其独特的耕种方式，并且由此而有各自的农具。北方黄土地带，土质松而细致，挖土用木制的挖掘棒，已足使用。为了增加足端的压力，并可以深入土壤，遂有耒耜及锄铲之属的农具。收割黍稷的穗部，须有小刀，日后刀上穿孔，则可以绑在手指上，更便于使用。黍稷均是旱作，黄土土壤的自生肥力不恶，一片田地连续耕种两三年，即可易地开辟新田。北方林木不盛，挑选小河边离水不十分遥远的二道原，放火烧尽灌木，稍加人工整治，即是肥沃的新田。

栽培稻是在沼泽地带种植，灌溉不愁无水，却须设法排水。这种水田的整治，颇为劳烦人力，做出排水供水的沟道。一次整治之后，总盼能够连续使用一段时期。因此稻作农业，除了直接用于栽种的农具外，还须有一些除草、砍伐的工具及推土耙土的工具。沼泽地区在河口，另有泛滥之虞，因此居住的聚落，不能即在农田左右，须在稍高的地方，则更须有高架的干栏建筑，作为居住及仓储。

以上两种方式，各有劳逸的季节。开辟田地与耕种田地，也各有其不同的劳力分配方式。于是南北的农作传统会相当程度地影响其小区与社会组织的形态。大米、小米均是颇富营养价值的食物，然而除了正食以外，总须有副食搭配，各地林带田野山边水泾……条件各有特色，除了农耕以外，古人采集的补充食物，也因此不能一概而论。大体言之，北方农产常于采集林中坚果，例如榛栗之属；南方的副食则可能多了水产植物，例如茭白、薏米、藻类、菌类。中国南北方均养猪、鸡，作为食物；南方的鱼、鳖、虾、蟹，即不是北方的常见食物了。

总之，新石器时代早期，中国地区出现农业，也相应地出现了较为长期聚居的聚落。此处所述以考古所见主食作物的发现为主，若从文献资料来看，古代原有九谷之说：黍、稷、粟、麦、菽、麻、稻、粱及苽。此中黍、稷、粟、粱，均是"小米"类的作物，应有分别，却也因为各地的习惯及各人的理解不同，这些名词经常混用，是以考古报告中，诸名都出现,难以肯定其属别。本文于稻麦均已有论述,此处不赘。

麻的原生地可能是中国的东北与华北地区,今日利用麻的纤维之外,更用其种子榨油。但在古代,则麻的种子也是食用的作物,《诗经·七月》及《生民》都将麻与禾菽麦类相提并论。《周礼·笾人》中,麻是尝新祭的祭品,是以列为九谷之一。大豆与小豆,在《说文》称为菽荅,菽在文献中常取其最常见的例子,如《诗经·七月》"禾麻菽麦",《孟子·尽心上》"圣人治天下,使用菽粟如水火",均表示菽为常见的食物。苽是水生植物,应是与稻作一样,属于南方的食物系统。禾与粟既是专名,又是谷食作物的通名。综上所述,古人的谷食种类颇多,只是在考古数据中,只能见到大米(稻)及小米(黍稷)二大类属,文献资料中所列麻豆苽诸项,是否也在"农业革命"之初,即已同样为人类栽培?抑或是后来始列为主食中的补充?我们还难以断言。①

论说耕种的方式,农业初起时,规模不大,聚落的人口也多,农耕不可能是后世《诗经·噫嘻》与《诗经·载芟》那样的集体作业。农田初辟,须清除榛带草莱,以新石器时代工具的功能言,那些石斧石锛,都不足以砍伐大树,古人大约只能用火烧林,然后在灰烬中,开辟田地。这一开辟田地可能需要多人合作,大致一个聚落数十户居民联手清理一片林带,也未为难事。至于田间耕作,则文献中常见"耦耕"(如《论语·微子》),当是二人并肩,耕种时,合力挖土,掘出草木的根部,挖松土壤,俾得下种。收获时,以小刀铲穗,放入容器,

---

① 许倬云,《西周农作技术》,《求古编》,页151以下。

随时运回林中，有二三人合作，也就够了。凡此方式，均是小农经营，在新石器时代村落的居住遗址，最常见的是小型住宅（见本文），反映了一个小家庭的居住方式。至于那些长形大屋的居住，则又可能是许多小家庭集合为一个家族了。

耕作又可分为耕地、中耕及收获三个阶段。上述耦耕，是两人合作刺土迸发的动作。最初的工具只用耒耜（亦即由挖掘棒改良为有锋口，又可足踏加力），耦耕起土，二人并肩倒行。若是用犁，则一人推一人挽，则是一前一后地向前进行。由耜到犁铧的演变，是一大进步，既可翻土，又以犁壁的隆起，又可发挥推压、刺土与碎土的工作于一举。人力推挽，刺土不深，牛拉犁，则可以达到深耕的功能，当为农耕方式的一大进步。大约至晚不过春秋，中国中原地区已知道用牛拉犁。考古遗存，河南辉县固围村战国的犁头犁形窄小，V形尖端钝角，达一百二十度，汉犁则大得多了，而且有隆起的铧与壁，具有翻土碎土的功能。"中耕"包括间苗、松土、除草、疏通沟渠等工作。铲与锄，即是由耒耜改良为特定用处的农具，铲柄与锋刃平行，锄柄与锋刃垂直，使用铲、锄，可以方便地完成这些中耕的工作。春秋战国时的文献中，又有钱、铫、镢镖（《管子·轻重乙》），均是铲锄分化为更专门的农具。由新石器时代原始功能的石制或骨制的铲锄，发展为臿与镈，再演化为许多形制与功能各有特点的工具，颇可说明中国古代农业对于中耕诸项工作的重视，也说明其走向精耕细作的趋势。《吕氏春秋·上农》四篇，反映了精耕农业的诸项细节，农业的分化，实与注重土宜、农时、保墒、通风……均有关系。战国时代的农业，的确已显示精耕农业的特色了。

收获的农具,在新石器时代有小型石刀,用于截穗,作物的茎稿还留在田中。这种小刀,或钻有小孔,可以拴在手指上,便于操作,由直刃的铚,演化为弧形的镰,则刻截更为方便。装上短柄的镰,至今仍是中国农家的常用工具,其形制也与战国已出现的茬镰相当类似。长柄的芟,用于砍伐稿槳,汉代画像石中颇可见之。

以上诸种农具,其锋刃部分,在新石器时代,不但有石制,也有蚌制与骨制,二者都可有锋口,乃是天然可用的利器。春秋战国的农具,先是以铁刃套入,后来则是铁铸的工具,甚至加上锻制的铲口。青铜器的农具不多见,大致因为青铜太脆,用于耕作并不相宜。从这些农具的演进与分化,可以观知中国农业长期演变的特色,乃是以工具的专业化,增加其功效,而不是从机械化节省人工。[1]

关于馔食方面:新石器时代遗存的饮食器皿,各地各有形制,而器皿功能分化,与时并进,是以种类繁多。传统的古器物存,有种种专名,例如鼎、鬲、豆、釜……然而考古遗存似乎不能完全与这些专名一一配合,于是考古学家又以一个器皿的部位(如口、肩、腹、底、足),分别描述其形制,例如"敞口""宽肩""平底""三足"等形象,作为分类指标。本文则为了便利读者,仍用传统专名,指称那些遗存的古物。

饮食器皿,大致可以分为烹调及进食两项。新石器文化早期的器皿,形制较简单,还未分化为许多类型。那时甚至还未

---

[1] 刘仙洲,《中国古代农业机械发明史》(上海:科学出版社,1963);许倬云,《西周农作技术》,前引书。

必有烹调与进食的分化。资源不足时,煮饭的小锅,又未尝不可即用来就器进食。这种情形,正如今日穷苦人家,一锅菜直接上桌,哪还有多余的盘碗盛菜?另一方面,各地的食物不同,古人因地制宜,发展了适用的器皿,各尽其用,没有统一的规格。从考古遗存判断,新石器时代的晚期,中原用三足的鼎鬲,北方用大口圆底的釜,西南用深腹平底的罐;这些遗存常有火烧烟迹,无疑是烹饪用具。商周青铜礼器,当可按照上述原则分类:例如辉县一处战国墓出土鼎豆壶之器有一组的标准组合,鼎中有鸡骨、鱼骨、肉骨,当是鼎盛肉食,豆盛稻粱,壶盛酒浆——此是高贵人家的盛食规矩,穷人家就未必如此分装了。①

烹饪谷类的方法,中国不外蒸煮二途,古代中国似未有西亚与欧洲烤面包与烙饼二种处理粉食的方法。古人煮饭,可能相当于今日的干粥烂饭,浓稠的称为饘,稀而多水的称为粥,所谓"饘于是,粥于是,以糊于口"正是一般人的生活写真。即使在今日,天灾饥馑,或战乱缺粮的情形,一天能糊口,也就心满意足了!新石器时代遗存的陶鬲,通常不过碗大,可能即是一个人煮一餐饘粥的器皿。

古人的主食,不论稻米或黍稷,都可以粒食,不像小麦类必须磨成粉状,是以中国以蒸煮处治主食。蒸煮之间,煮饭最为直接,米加水加热,即是饭了。蒸饭则不然,必须有蒸格的箄,甚至还得衬一层布或较大叶子,庶几微小的米粒不致漏入

---

① 中国科学院考古研究所,《辉县发掘报告》(北京:科学出版社,1956)。许倬云,《周代的衣食住行》,《求古编》,页244以下。

下层。蒸治不能如干粥烂饭般节省米粮,因此,大约一般人煮食,稍为考究的人家蒸饭。出土古物中,煮饭的鬲多而蒸饭的甗少见,或即是于后者只是少数人家才供得起。中国也不是没有粉食,新石器时代的早期,农业发展之初,出土遗存有石制的磨盘磨棒,已如前述。北方主食如米,无须脱壳,更不必研碎,这些磨具当是研米为粉。《周礼·笾人》:"糗饵粉糍",未粉蒸熟是饵,揉成饼是糍,亦即今日的蒸粉与米糕。①

菜馔方面,古代中国的食用蔬菜,品目繁多,单以《诗经》吟哦所及的菜蔬,就有荇菜、卷耳、苤苢、蘩、蘋、藻、匏、蔚、菲、荼、荠、菽聊、蘩郁、薁、葵、菽、瓜、壶、苴、苦瓜、薇、甘匏、芦、芹、笋、蒲、茆……今日习见的萝卜、苦瓜、葵、芹、荠、茶……都已是当时常用。这一个单子中,列了不少野生菜蔬,可见当时采集食物,还是相当重要。《礼记·内则》列有蔬菜芥、蓼、姜、桂之属,另有作为调味品的葱、芥、韭、蓼、薤、蘸诸种佐料,均是香辛味烈之物,用来与肉类食物相配,当是为了去其腥臊,也与今日烹饪原则不远。

肉食方面,史书有太牢、少牢,商周考古也常见牺牲的实物及记载。《礼经》中,公食大夫礼及各种祭祀的食品,列有各色各样的肉类,凡此皆是上层阶级的专用,此处不必具论。从考古遗存所见,自从新石器时代以至春秋战国时代,颇多动物骨骸,其中最为常见的还是马、牛、羊、鸡、犬、豚及一些水产动物。山东大汶口文化遗存,尤多以猪殉葬的风俗。由

---

① 许倬云,《周代的衣食住行》,前引书。

此可见以上六畜，可能是常人也能食用之物。此中马不是常见，今日猪、鸡是常见的肉食。战国时代的狗屠，似为市井中的常见人物，足见当时狗肉是常见肉类，未必只是今日南方人的特别嗜好。北方的羊与鹿类，南方的贝类水产，以及南北都有的鱼、鳖之属，都可列入古人的食品单中。这一个包括菜蔬与肉食的食物总汇，是自新石器时代到春秋战国时代，中国各处人民都可能食用的项目。

淀粉作物都能酿酒，中国新石器时代既有了相当可靠的食粮来源，以谷类酿酒自属可能，只是考古遗存中难有酿酒的直接证据，但能从酒具推论古人已经饮酒。历史语言研究所创所之时，发掘山东城子崖龙山文化遗址，即有蛋壳陶器如酒杯及酒具，则可知当时饮酒是礼仪中的大事，才制作如此精美的礼器。安徽蒙城尉迟寺大汶口遗址，出土酒具甚多，积储的谷类食粮也多，或可推论，这些余粮是用来酿酒的。

商周考古学家，都知道殷商遗存中，酒器种类多，数量也多。相对言之，周代遗存中，酒器所占比例远逊于殷商。殷人嗜酒，传说商纣建有酒池肉林，此是小说家言，不足深论。然而《尚书·周书》诸诰，不断告诫周人应以殷为前车之鉴，不得嗜酒，则这两个民族，在饮酒方面，的确有相当不同的态度。

到了战国时代，酒类已不分清浊而分等级，最浊的是泛齐，稍高一级是醴齐，汁泽相当，似相当于今日的酒酿，更高是白色的盎齐，红色的缇齐，最高一级则是澄清无泽的沉齐，当是清酒（《周礼·酒人》）。古人不知蒸馏，只用过滤去滓，酒精成分不高，古代酒器如爵，容量不小，其实不易醉人。

除了各种净度的酒类，《周礼》也列举了酏浆醷滥，诸品饮料，醷是果汁，也可能稍微发酵。滥是寒粥，当类似今日的凉粉。凡此诸品，想来并非常民能享受，可能只是富贵大家才可有之。

中国的烹饪艺术，世界著名，但在古代，这一艺术还只是在萌芽阶段。古人烹调，不过用蒸、煮、烤、煨、干烧及菹酿诸法；中国最具特色的爆炒，须在东汉之后，始逐渐发展。然而，中国烹饪术注重下锅前的切割，则古代所割烹，割与烹同样重要。《礼记·内则》，处理肉类的方法，有带骨的骰，白切的胾，碎剁的醓，杂有碎骨的臡……这些名词，各具专业，也说明了如身切割，是烹饪的先决条件。后世爆炒，必先切片、切丝，即循此传统开展。

《礼记·内则》有人珍，材料特别，处理方法复杂，绝对不是常民能享用。察其工作方式，最复杂的烧豚，是先用泥裹小猪烤熟，剥泥，取米粉涂满猪身，下深油炸透，再以小鼎置大镬中，水蒸三日，取出调以肉酱。其他诸珍，或则将肉类捣泥生食，或则横切薄片，浸酒，取出与梅子酱同食。或则以姜与盐腌，干透食用。或则细切牛羊肉，加上米，做饼煎食。或则油炙狗肝。或则稻米熬粥，加上动物油脂。或则以肉酱连汁加在黍米或稻米的饭上。凡此烹饪的原则，稍加简化，仍可用于一般材料，制为佳馔。至于日常馔食，大约以做羹最为常见，不外炖煮已经切割的肉类，加上一些蔬菜，汤汤水水，宜于佐餐。以上诸项原则，已开后世中国烹饪的先河。

中国烹饪，调味是最重要的事。古代调味的佐料，并不够用。最早时，甚至食盐也不易得。因此祭祀时，肉汤不加盐以保持远古"大羹不和"的原味。春秋时代，盐与梅是主要调味品，姜与麦芽糖（饴），也是常用的佐料。此外则是一些苦辛的植物，例如藿、苦、薇、菖、韭之属，都可加在肉类食品中。中国烹饪理论，重点在调和诸味，《左传·昭公二十年》有一段议论："公曰：'和与同异乎？'对曰：'异，和如羹焉，水、火、醯、醢、盐、梅，以烹鱼肉，燀之以薪，宰夫和之，齐之以味，济其不及，以泄其过，君子食之，以平其心。'"这一段话，可以是烹饪之理，也可以是中国传统哲学"和而不同"的调和论。①

中国古代的居住，可以分为房屋及聚落两个方面，讨论其演变，二者之间，有其一定的相应，而与各地地理条件，也有相应的关系。

在农业初起时，定居生活亦相应而起。河北磁山遗址的房屋，只是一些圆形或椭圆形的半地穴，穴深大约人的肩部，直接在黄土层开掘成穴，面积大概六七平方米，地面并未加工平整，有数组台阶步入室内。穴壁有若干柱洞，撑起屋顶，覆盖芦苇等物，拌草涂泥。同样形式的房屋也见于新郑的裴李岗密县莪沟等处遗址。房屋面积最大也不过十平方米，至多容纳三四个人。室内大多只有烧土面，并无专设的灶。中国北方黄土干燥细致，挖掘不难，居住在这样简单的半地穴，不必筑墙，只需有屋顶，足蔽风雨，已比野居好多了。

---

① 许倬云，《周代的衣食住行》，《求古编》，页 144 以下；K. C. Chang ed., *Food in Chinese Culture: Anthropological and Historical Perspectives* (New Haven: Yale University Press, 1977), pp. 22 ff ecp., p. 51.

在陕西延伸到河南的庙底沟文化遗址，时代当在公元前4000～前3000年。这些文化的房屋遗存，也是半地下穴为多，但是面积都大了不少，大约可有四五十平方米，小的也有二十平方米。屋内地面已加工平整。一屋可以夹间为前后两室，室内通常有灶炕遗存。有些遗址还有地面的房屋，例如河南嵩阳点将台的房屋，是方形或长方形，面积三四十平方米，平地起造，木骨泥墙，室内有挡风矮墙蔽障的灶台，稍大的房屋有内间与外间，以墙壁区间。陕西半坡遗址的房屋，大多是半地下穴，也有少数平地起造，房屋有方有圆，圆形房屋较少，面积不过二十平方米；方形房屋，中等的有四十平方米到八十平方米，最大的可大到一百六十平方米！房屋内部地面均经平整，屋内中央向门处，设有火塘，有些房屋还有高出地面的土床。房屋建筑，以大小木料，植入柱洞，作为墙的骨架，攒聚斜插的木柱，束缚为顶，墙及屋顶则以拌草涂泥，火塘并可能有一层黏土及料姜石浆。有些遗址，如陕西秦安王家阴洼的房屋，其地面是夯土夯实的。半坡的房屋地面，则是经过火烧烧红烧硬。凡此都显示，庙底沟半坡文化的房屋建筑，较之前述新石器文化早期的情形，有一定的延续性，但也有相当的进步。

这一时期的聚落，也已颇可观。以半坡遗址为例，聚落有濠沟包围，若干房屋合为小群，屋外并有储粮的灰坑。诸屋群中间有广场，村外是墓地。整个格局，井然有序，似是有计划安排的。

中国考古学家按照聚落房屋大小及墓葬人数年龄群分析横阵遗址，作为一个房屋群，经常人口当为七八十人到八九十人。一个房屋群，以其房屋数字及居住面积计算，也可有一百余人。此地有五个房屋群,则当地人口有五百人之多。在华县调查,当地年代相当的遗址,共有五处,总人口约为一千五六百人。将以上几个数字作为一个地区的聚落群、聚落小区及房屋三级,这是一个密切相关的生活共同体,最小的生活单位则是包括父母子女的家庭,最大的单位则是文化面貌相同,也许可以彼此支持的小区共同体。①

中国新石器文化的晚期,从多元逐渐整合,在公元前3500～前2600年之间,中国后世所谓中原地区的文化面貌,虽然仍有地域性的差异,基本上已相当一致。在房屋建筑方面,最重要的发展是出现了"夯土",同时也有了土坯房屋。夯土是中国建筑技术的重要特色贡献,这种"版筑"框以木夹土,并以木棍或瓦块连续舂挚,使其坚实的技术,可以将松散而细致的黄土,打成坚实的土方,而且一"版"接一"版",可以无限地向上填高,循一线伸展则是墙,向平面铺开,则是地基。

房屋都是平地起造,甚至还有建筑在离地数阶的填高地基之上的房屋。房屋的格局扩大了,而且还有不同形式的分间房屋,例如河南郑州大河村的遗址,有两间,有四间,多种不同的格局。以两间相连的房屋,西间有灶,并有大量器皿,睡卧空间不大,至多可容二三人,可能是老者或小孩所用。东间也有灶台,并有两鼎一钵,室内还有不少器皿及陶纺轮等物,坐卧空间较大,可能是主人夫妇寝处所在。至于四间的房屋,似由两间的格局扩充,当系为了家庭人口增加而在两侧各添加一

---

① 严文明,《横阵墓地试析》,《文物与考古论集》。

间房。大河村的五座单间与多间房屋，排成一列，相当紧凑，虽然是关系密切的单位，这种房屋群，并非村落，也许类似"散村"的形态。住处毗近农田，便于照顾之故。

河南淅川下王岗的长屋，则是另一种格局。由东到西，坐北朝南，长达八十五米，进深六～八米，共有二十九间，东头又南折，又加上三间，总数是三十二间，室列房间前面，留有门厅，也可算是一个小房间。分开计算有十七间套房：十二间双套房及五间单套房，再加上东头三间单房。目前情形，在十一间套房有灶，十间房间有草席痕迹，可知每一套间都是独立分灶的单位。大的房间面积将近十九平方米，小的则还不到十四平方米；若以单套间与双套间的格局看，一个单位应是十七家父母加子女的家庭。长屋转折处，有一个粮仓，当系长屋住户共有，是以全体长屋住户，可能是一个大家族！

安徽蒙城尉迟寺遗址，是一个大汶口文化的村落，遗址格局相当完整，有五十多栋房屋，排列为纵横十二列，房屋的结构是木架梁柱，以细木为壁，再加涂泥为墙面，然后内外烧烤坚硬，甚至屋顶也以涂泥烧烤坚硬，整栋房屋竟如同整体的大型陶器！更可注意者，有一间大房间，出土甚多的饮食器皿，尤多酒具，其数量之多不可能是一般家居所需。这一间大室，可能是小区聚会的礼仪中心。是以房屋的专用功能，也呈现居住形态的复杂性。

中国新石器时代最后一段时期，在中原地区大致是公元前三千纪，建筑技术更为进步。夯土（版筑）技术普遍使用于打地基、筑墙、打造屋外护坡与平整室内地面。土坯筑墙是另一技术，用于大小不等的各型房屋。石灰也广泛使用于地面及墙壁，石灰的来源可能不仅是蚌类烧制的蜃灰，甚至已经开采石灰矿了。稍早于这一时期，秦安大地湾的大房子，室内地面坚固平整，已是相当于今日所谓"三合土"的原始水泥了。一般房屋，有用垛泥与木骨泥墙，和土坯墙。

房屋的形态，因地方与资源而有差异，圆形房屋大致以仓房为多，方形则以居室为多。灶台常是圆形，也有在庭屋中央，设一火塘的。房屋大小及规模，多种多样，不能一概而论；若以住宅言，大致都有内外分隔，也有隔间与走廊。屋外则常有散水坡，整体言之，新石器时代晚期的北方房屋，无论建筑技术或规模格局，已颇似近代中国北方的居屋：茅茨土阶、版筑土垛、拌草泥涂、石灰粉刷、内外分隔……延续了数千年，基调未变！

南方气候潮湿，地下水的水头较高，是以长江流域及东南、华南的早期居室，都不是北方那种半地下穴。湖南道县玉蟾岩及江西万年仙人洞的稻米遗存，都在山洞中发现。凡此水溶洞或悬岩覆盖的洞穴，可能即是古人能找到的洞天福地了。

浙江余姚的河姆渡与桐乡罗家角遗址均有早期稻米遗存，两地都在河流湖泊冲积地区，河姆渡的房屋遗存都是木结构的地面建筑。河姆渡的干栏式建筑，是三排大致平行的木屋，由木柱、圆木、及木板构成。其中一排较为完整，是一列长屋，长二十余米，深七米，前面还有宽一点三米的走廊。屋下架空，留作储放杂物的空间。整体结构，当系以木桩为基墩，木桩上架梁，铺设楼板，再在楼板上立柱加顶与墙壁，墙上以涂泥拌草抹平。更可注意处，则是这一公元前5000年的木结构，不但使用绑扎，并且已有相当精准的榫卯套接。中国建筑的特色是以榫卯联结的木结构。河姆渡的木结构已开数千年中国式建筑工艺的先河!

马家浜文化承接河姆渡文化,是南方的新石器文化。当时的房屋以方形为多,也有一些圆形,都是地面起造的木结构建筑。南方潮湿,防潮设施,十分重要,是以有的地面以蛤蜊壳堆积压平为地基,也有以草灰与多层芦草纵横堆置的地面,更为常见的方式,则是以成排木柱,上架木板的干栏式建筑。室内地面是以沙石、陶片、蛤蜊壳,与黏土掺和打实,铺上泥沙压平,再以火烧使硬。凡此均是因地制宜,以手边的材料,处理当地气候造成的防潮要求。良渚文化遗址,少见常民房屋遗存,但从礼仪性建筑看来,筑高地基为土台及使用木柱的结构,可知高台基及干栏式建筑应是当时的一般形式。

长江中游,包括汉水流域及华中的湖泊地区,是南北相接的地带。这一地区较为古老的大溪文化,其房屋遗存常在近水的高地,便于取水,又不虑水患。房屋大多是地面建筑,有圆,有方,也有长方形。建筑工序:先挖墙,基槽,立柱,填入烧土与黏土掺和,筑实为墙根,立柱成列,柱间编竹涂泥,另立主柱支撑屋顶。室内地面,红烧土垫底,表面敷细泥,火烤使其坚实平整。室内围筑成灶坑。有的房屋,灶坑设在房屋中央,并有土埂,将灶坑分隔为两个部分。有的房屋,设有门廊,也有撑担立柱的担廊。凡此设计,木柱的功能,远比北方式房屋重要,几乎可以当作木结构的前奏了。①

---

① 中国社会科学院考古研究所湖北工作队,《湖北枝江关庙山遗址第二次发掘》,《考古》1983.1。

屈家岭文化的房屋，仍是同样建筑方法的传统，以木柱为骨架，木骨之间，以藤条竹片编结，内外敷草拌涂泥，室内先以红烧土与黏土填实，上铺细泥多层，墙面及地面均须火烧烤红，坚固平整，整个建筑也是木结构。① 这一地区，介于北方与南方之间，是以有双方的特色。

中国东北地区的史前房屋遗存，多以列柱密排，护持半地下穴的土壁，或治坡建筑的土坡。若是较深的地穴建筑，木柱更多。若是地面建筑，木柱之间又多小柱，然后敷土为墙，木柱撑起木檐的屋顶，上敷颇厚的草泥。这种建筑，也是因地制宜，大量使用木材，草泥只是表面的涂料，其情形与中原以土为主的原则，颇有不同。②

中国华南与西北地区的房屋遗址较少，后世文献资料，于这些地区，也少可用资料，难以配合史前情形讨论，因此，本文于史前部分仍以南、中、北三区为限。

夯土与木结构两大建筑技术，源远流长，至今还是中国建筑的特色。自新石器时代以下，无论二里头被考古学家称为夏代"世室"的建筑，殷墟遗存复原的宗庙，或扶风周原遗存复原的凤雏召陈宫室宗庙，都是复杂的大型建筑，充分运用了上述两项技术。然而，这些堂皇的建筑，都与常民生活无关，兹不讨论。③

---

① 中国社会科学院考古研究所，《青龙泉与大寺》（北京：科学出版社，1991）。

② 沈阳市文物管理办公室，《沈阳新乐遗址第二次发掘报告》，《考古学报》1985.2。

③ 许倬云，《周代的衣食住行》，前引书；许倬云，《西周史》，页18、252。

商周两代遗址的半地下穴房屋遗存，其实与新石器时代的房屋结构格局，并无很大差别。兹以沣西张家坡十五座西周早期居住遗址为例，都是土穴。浅穴是长方形，面积还不到十平方米，墙根及地面均须火烧硬，房中偏东有一柱间，当是架设伞形屋顶之用，房间中央有一烧火处，即是灶坑。深穴的建筑较多，圆形，直径五米以上，深二米以上，面积比浅穴建筑宽敞多了。柱洞颇多，不全在中央。这种形制由西周到东周早期的建筑遗存，在河北、河南、陕西，都曾出现，由颇多处柱洞看来，当是四阿式或圆锥式的木柱草顶。半地下穴房屋，低矮简陋，其中常见工具及农具，即是殷周时代工人与农人的住所。春秋时代，《左传》襄公十年，微贱人家，是"筚门闺窦之人"。战国时代，借《庄子·让王篇》，原意的居室，"环堵之室，茨以生草，蓬户不完，桑以为枢，而瓮牖之室，褐以为塞，上漏下湿，匡坐而弦歌"，这一半地下穴的土室，草顶土墙，桑木是门轴，破瓦罐是窗户，麻布残毡，塞在门窗空隙，挡一挡寒气，也悬在两室之间，稍为分隔内外。下雨时，草顶漏雨；地面是半地下穴，也有水流渗入。大概自新石器时代以至战国时代，穷苦人家，其居住条件，就始终如此简陋！[①]

一般普通人，不是贫户，应可有好的居住条件。河南商柘城早商遗址的九座平房，即可能是社会中上层居住的房屋。九座房屋可分为三类，第一类是建筑在夯土台基上的平房，台基有斜面，作为散水坡，三间排房，中间高，两边间低。先挖基槽，再以草拌泥垛成墙壁，内室表面用火烤硬，各间并不相

[①] 许倬云，《西周史》，页250—251。

通，各自向外开门。屋顶是原木为梁，苇秆为椽，紧密叠压，上敷草泥屋面，中间面积约十六平方米，内有灶坑，两间侧间，面积约八平方米，高度矮于中间，地面都用草泥涂抹，加热烤硬。第二类是平地起屋，没有夯土台基，只有草泥堆垛的墙壁，地面也经火烤硬。第三类是圆形小房，直接建造在生土上，面积甚小，但也有灶坑，当也是居室。这三类房屋，其结构格局，也与后世农村中，一般人家的居住条件相当，第一类是普通人，第二类及第三类都是贫户或长工居住。①

至于木结构的建筑，可以湖北蕲春毛家咀的西周房屋为例。这是长江中游的遗存，共有三组房屋，每组面积都是八米长，五米宽，木柱成行，纵横排列，相距二百三十八米，另有数十根细木柱，及一节木板墙，地面是大块平铺的木板，并有木阶梯的残迹，可知是木结构的楼房，论其大小及格局，也当是中等以上人家的居室。②

楼房之出现，必与木结构相关。中国古代楼台二字，合而言之，是高台上的多层建筑；分别言之，台是高筑的台基，以夯土技术筑成；楼是木构楼房，以干栏建筑为其母型。两者相合，即是春秋战国各国流行的楼台，其中最为著名的是楚国的章华台，当是南方干栏木结构的巨构。

春秋战国时代建筑技术有两大重要发展，一是屋顶用瓦，一是木结构发展的斗拱。平瓦早在西周考古中，即已见之，可

---

① 考古研究所河南一队，《河南柘城孟庄商代遗址》，《考古学报》1982.1。
② 考古研究所，《湖北蕲春毛家咀西周木构建筑》，《考古》1962.1。

能只用于加护屋脊,功能有限。古时屋顶涂泥覆盖,在房屋不大时,涂泥不是大问题,但宗庙宫室日益高大,涂泥厚薄,直接引发屋顶承重的难题。斗拱的设计,是将重量匀置于列柱的柱顶,而不必多设横梁。这一设施,遂容许在稍为平缓的屋顶铺施焙制成片的瓦片,无论是美观及泄水,都远优于拌草的涂泥。然后,瓦又分化为板瓦、筒瓦及瓦当。凡此实物,随处都有,不须赘述。但是,凡此设施,还未必是当时常民享用。①

房屋有堂有室,正符合自古以来一室分列内外的传统,稍加扩大而已。堂室应都有窗,居室大约前后有窗,前室的窗大,后窗较小,前室起居,后室寝处。后室稍暗,也较隐秘。伯牛有疾,孔子探病,可自牖执其手,可知设在后室窗外,可以与卧席的人握手。后室的窗,又称"屋漏",当是沿用古代屋顶顶处透光的传统。室的南隅最为幽暗,称之为奥,则是既不能取得前室的光,又离后窗最远之故。②

总结以上诸节,自从南北文化交融,夯土与木结构遂是中国建筑技术的重要传统,以迄于今。新石器时代生活简陋,嗣后随时进步,到春秋战国时代,宗庙宫室固然美轮美奂,一般常民的生活条件,也已到达与后世相近的水平,从此数千年,并未再有十分显著的改变。

室内布置:考究的长房子,悬挂帷幕缦帘,作为壁饰,分隔房间,富丽堂皇,贫家则破褐残裘,能够稍挡寒气,分隔内外即已难得。

地上铺席或筵作为起卧寝处之用,长度为古尺九尺,但古

---

① ② 许倬云,《周代的衣食住行》,前引书。

尺颇短，大约相当今尺六尺左右，接近今日台湾的一席"榻榻米"大小。席的材料及质量，当然也有十分差别。大人家的席，用竹篾编织，平滑而又华皖，穷人家则苇编一席而已，大致一般人家，则在两个极端中间，丰俭各称地位与财力。

衣着种类颇多，从上而下，先说冠帽一类的首服。殷商以前，可考的首饰资料不多，殷商考古所得，历史语言研究所发掘小屯遗址，有几件石雕的人像，其中一座跪坐的人像，头上戴冠腰宽带，可能是首服最古老的具体形象。

首服的种类颇多，以《礼经》所记，至少有冠冕（弁）巾帻诸种。冕与弁属同类，是有爵位的人的官式服装，前者为国君专用，平顶帽的前缘有数字不等的旒，爵位越高，旒数越多。弁是前后都平的平顶帽，自天子至士，当礼服用。

冠是所有人都共享的首服。男孩在经冠礼后才有了自己正式的名字，号为成人。士大夫至死不能无冠，孔子的弟子子路，在战败将死时，还注意系紧冠缨。平时日常的冠，以黑色为准，遇丧事则用素（白色）。冠戴在束起的发髻上，是以冠必有一定的高度。但冠的形制，因地而异，也有因时而异的时尚款式。宋人章甫似乎相当有特色，当是殷商文化的遗俗；楚人南冠，似又是南方的风尚。总之，峨冠博带是有地位者的必要装扮。

巾帻是以巾绑扎，犹如软帽，普通人不用冠，则用巾帻。燕居清闲时，即使是士大夫，也不妨戴巾帻，落个轻便。峨冠俨然，多所动作时，未必方便，是以在战阵上，勇敢轻捷的战士，竟可能弃冠，也不御甲胄，而扎巾帻登城（《左传》定公九年）。相对的，野老村夫，于动腊祭之类正式的小区活动时，

"黄衣黄冠"也一样可以御冠（《礼记·郊特牲》）。足见冠帻之间，不见得有十分严重的阶级区别。

衣和裳，是身服的主体。古人服装，上衣下裳。上衣右衽，由前肩部右向围包前胸。殷墟石刻人像与长沙出土的战国俑，都是明白可见的打扮。"下裳"并不是女性的裙子，乃是以幅布条绕下体，前三后四，两侧重叠，前面的中央部分，方正平整。裳覆下体，腿都是以条幅（芾幅）紧缠胫部，汉儒注经，称为"行膝"（犹忆抗战时期，车辆不够用，大多数人步行千里，旱路长行者，都须"打绑腿"，军人更是如此，绑腿不紧，难以健步）。

春秋后叶，下服更有分跨两股的裹袴（《左传·昭公二十五年》）。战国时，赵武灵王采用胡服，上衣窄袖，两腿着袴，则裹袴加长，延至下胫，便可以跨马骑乘。

上衣下裳再加上芾幅，在家常闲居，既复杂，又不舒适，于是有宽博的深衣为日常家居的衣服。一领宽服，包裹周身，腰部束带，长可至足部，袖长及肘——这一套衣服实是后世袍服的初型。深衣又名中衣，如加上外衣，甚至可作为较为正式场合的服装。外衣，单衣为襌，夹衣不着里是褶，加丝绵衬里是茧袍，皮毛的外衣是裘……这些外衣罩衫，都称为袍，一个至今仍使用的名称。凡此均是《礼经》所配，属于士大夫阶层的衣着。贫寒人士呢？能得一件褐衣卒岁，已经是幸运的了。

足上的袜，与今日着在鞋子内的袜，并不全同，应是软鞋一类，与屦舄同科。这两种相当于今日鞋子的对象，似以双层底为舄，单层底为屦。长沙楚墓出土的草屦，复底、鞋面平直，鞋口作三角形。古人入室时，必须脱屦，客人到达，只需看看户外是否有屦,即知这室内是否有人。据《礼记·曲礼》,如见室外有两双屦,可知室内有两人,客人即须扬声,主人请进方能入内。这些规范,大约不论贵贱贫富,都须实践。

古人随身附件不少,男子佩剑揩笏。汉以后是朝服,先秦时则是一般人的常服。古人随身物件,还有男子的笔,女子的针线包等等,不具列。

古代衣服的材料,如前所述,当以毛皮麻葛与丝织品为主。中国是蚕丝的起源地。历史语言研究所藏有李济之先生在山西夏县西阴村发掘所得的半粒蚕茧,已是人工切割,即是用丝的最早证据。吴兴钱山漾新石器时代遗址,出土丝织品残件,密度已是每平方寸一百二十根线。①

商代丝织品的遗痕,平纹织之外,已知提花、菱纹与波纹,种种复杂的织法与绣法,织品的边缘用丝线绞拈。西周丝织技艺更有进步,平织不在话下,有一件出土于宝鸡茹家庄西周遗址的织物,显然是斜纹提花的菱形图案,刺绣是以辫子股绣,已具熟练的技巧,染色则是绣后加染。②

东周丝织品出土最多处是楚文化的诸处遗址。以长沙发掘的遗存言,其丝织品的质量,无论织法与色彩,均属精品。今日湖北省博物馆展出实物甚多,不必赘述。③

春秋时丝织品之薄,《左传·昭公二十六年》曾提一件当

---

① 浙江省文管会,《吴兴钱山漾遗址第一、二次发掘报告》,《考古学报》1960.2。
② 夏鼐,《我国古代蚕桑、丝绸的历史》,《考古》1964.10;李世贞,《有关西周丝织和刺绣的重要发现》,《文物》1976.4。
③ 中国科学院考古研究所,《长沙发掘报告》(北京:科学出版社,1957)。

时的珍品，二丈长的锦，能卷成耳瑱大的细卷，其细密可知。凡此精品，不论绫罗绸缎，都是社会上层的用品，满身绫罗者，不是养蚕人。至于治丝的基本技术，庄子提到在河水中不断漂浮的汧澼絖法，双手长期泡在水中，尤其冬日皮肤常有皴裂。据《周礼·考工记》，治丝用温热的碱水，浸泡七日，白天日晒，夜间悬挂井上，七日七夜，是谓水湅，当是以灰碱去蜡，以日晒漂白。只此一事，足可反映丝业技术的水平及工人的辛苦，更不论那些织绣的手工了。

人类以动物皮毛蔽体，在采猎时代早已有之。西周青铜裘卫诸器属于一个专以皮毛供应为业的家族。九年卫鼎铭文，记载了各式皮毛原料及制品的名称，译用今日名词，其中包括鹿皮、披肩、围裙、车幔、鞋捅子、虎皮革、革绳、皮把手、老羊皮、羔羊皮、次等皮等等物件。①

制革技术，见《周礼·考工记》，经过浣洗、漂白、柔化诸种手续，制毛裘的部分，《考工记》已佚，但从传说中所谓狐白裘用许多狐腋白毛部分拼缀，其实也与今日的制裘方法相似。物以稀为贵，羊皮鹿皮易得，貂裘难求，遂有其间的价格差距。用兽毛组成的毛褐，也是皮毛制品之一。褐粗硬触人，贵人们不用。"无衣无褐，何以卒岁"（《诗经·七月》），农户还是很需要衣褐御寒。据《诗经·郑笺》，褐是毛布，孟子曾与许行弟子辩论，这位农家的学者，据说"许子衣褐"。据《赵岐注》，褐是以毳（粗毛）为之，亦即当日"马衣"（马匹

---

① 周瑗，《矩伯裘卫两家族的消长与周礼的崩坏》，《文物》1976.7。

盖披的粗毛）。是以毛皮类的材料，其中贵贱精粗，从千金狐白、黑貂到粗褐，价值距离甚远，不能一概而论。

一般古人服用的衣服原料，丝帛是贵重物，一般的衣服当是以麻葛织纺织的"布"。浙江吴兴钱山漾新石器文化遗址出土荨麻织物的残片，平纹组织，相当细密，陕西泾阳高家堡及河南浚县辛村的西周墓等，都有麻布残片出土，可注意者：考古所得麻布的经纬密度，颇与汉代量度麻布密度的单位"稯"，规格相当，似乎自古以来，麻布规格，已有一定的标准。①

葛是藤类植物，其纤维自古用于纺织做葛布。《诗经》中，以"葛"起典的诗篇有三篇之多。《葛覃》吟哦以葛制成精品的绨与粗品的绤，《葛藟》以葛的纠缠难解形容乡愁的思念，"葛屦"是新婚女子赠送良人的鞋子。由此等诗句，已可观见葛布、葛巾之类，当是一般人常用之物。除了麻葛之外，一些多纤维的长草，也是衣物的原料。《左传》成公九年引用已佚的古诗，"虽有丝麻，无弃菅蒯"，可知菅蒯之属（似与台湾的白菅草一类），在织物中，虽然不及丝麻，都也是可用的原料。冬日御寒，穿毛衣最暖，一般人民则用散丝（今日谓之丝绵），蓄着衣服为衬里，新线丝是纩，旧线经过洗涤、松散，仍可蓄着，称之为缊。暖和不如新纩，但是聊胜于无。孔门弟子子路，穿着旧缊袍与着毛裘的人并列，一点不在意，则是形容贫富衣服的差别。衣服颜色，不染色的不是素帛，即是黄，最易染色的是黑色。此外红、绿、蓝、黄诸色都可用植物性的染色

---

① 葛今，《泾阳高家堡早周墓葬发掘记》，《文物》1972.7；郭宝钧，《浚县辛村》（北京：科学出版社，1964）；许倬云，《周代的衣食住行》，前引书，页241—242。

素染色。紫色最贵,似乎只有贵人能用。以上是古人衣服的情形,自新石器时代以下,其材料不外皮毛丝葛麻之属。①

综合古人饮食居室与衣服,最穷困的,住在土室,桑枢瓮户,卑湿阴寒,穿的是粗葛,吃的是小米与野蔬,一箪食,一瓢饮。富贵人家则是高厅大屋,雕梁画栋,帷幕华席,穿的是绫罗毛裘,吃的是山珍海味,使用多种炊具,盛放在各式盛器。一般人家大致居于两者之间,居室是一堂二内,筑基瓦顶,穿的是皮毛丝葛,冬日着纩,吃的是稻粱、鸡豚与一些水产,生活水平,在贫富之间。凡此差别,自古以来,延续至今日,大致仍是如此。

古人岁以岁时行事,当然也因地域职业与社会地位各有不同。兹以一般农民为常民,《诗经·豳风·七月》,有相当生动的描述。《七月》咏哦,应是周代北方农庄住户的一年生活情形。这一首诗所用的年历,其季节排列,"一之日"是一年的开始。据说是周代以十二月为岁首,从季节看来,"一之日"至"三之日"应是从立冬到大小寒的冬季,冷风彻骨,寒气栗烈,不穿冬衣,简直就过不下去。广大的原野,庄稼早就收成了,野兽无处躲藏,正好是狩猎的季节,先猎些狐貉,其中较好的狐皮,缴于庄园的领主,制作狐裘。庄园会众围猎,猎得的野猪,大的缴给领主,小的自己留下。天气极寒冷时,凿下冰块,置放冰窖,供领主在有事时,取出使用。

"三之日"已是冬尽,农夫们修理农具,等待春日使用。"四之日"是早春,地气已动,农夫都下田了,他们的妻女,

---

① 许倬云,《求古编》,前引文。

送饭到田间。同时，刚生的山羊，田野的韭菜都是领主用于春祭的祭品。

惊蛰了，各种昆虫都开始活动，农家女儿，挽着篮子，在田间采集各种野菜，也找些可以染色的野花野草，用来为领主染衣裳。接着是养蚕的季节了，妇女忙着采取桑叶；蚕季一过，又须修剪桑枝。繁忙的春天，也是爱情的季节。在《诗经》的其他篇什，也有不少歌咏春天的活动。举例言之，郑国的年轻人，在春天，成群结队出了东门在河边游春（《郑风·东门》）。住在鲁国的孔子，也愿意带着弟子们，在河水中洗净一冬的污垢，祓除不祥，迎接春天。《七月》诗中，庄园领主的少年们，也会在田野水径，拦截采桑的俏姑娘，带着她回家。

暮春时节，到盛夏农事忙碌，庄稼在成熟，天气又在逐渐转变，虫儿的活动，正反映气候。蟋蟀本在野外，秋天来了，蟋蟀渐近较为温暖的屋边，八月在门旁，九月在窗下，十月蟋蟀躲进床下。农夫们也该修缮房屋，重逐鼠类，填补窗户与墙缝，准备又一个蛰居室内的寒冬。

夏季有不少瓜果成熟了，六月的大小李类，七月的葵菽瓜类，八月剥枣子、割葫芦，九月采麻籽、豆类、苦菜；也砍伐不成材的小灌木作为冬天的柴薪。九月秋天已到，农夫们该准备冬衣了；这时候，农夫也将已收成的菜园，夯筑坚实，以作为收割庄稼的"晒谷场"。十月大收了，稻米、黍、稷、麻、菽、麦类，都将堆满场上，十月份之后，田场已整理好，农夫们掺了黍、稷，抬着羊羔和酒尊登上领主的大堂，宾主共同庆祝丰收。

冬天是农闲的季节，农夫们还是忙着在领主的家宅工作；同时，在野外采茅草，夜间搓绳束，赶着天气还不太冷的时候，修屋顶准备着明年又是一轮的农事忙碌。①

七月是农家的岁时行事。一般人士，由国君到平民，也有几桩季节性的行事。春天是阴阳和合的季节，周人的统治阶层，有"高禖"之礼祭祀玄鸟。其实玄鸟是商人的祖先所自出（所谓图腾），周人当是延续商俗。二月初春，男女奔者不禁，牲口的交配，也在此时。巫师戴着面具，祓除不祥。这时，领主举行乡饮的小区欢宴。从《诗经·宾之初筵》可以观见这一小区活动的热闹。有射礼，有音乐与舞蹈，祭祀祖先……宾主既醉既饱……这是盛大的小区仪礼。②

接下去的重要活动是社祭，其举行的时间是立春之后戊日的五十天，亦即春分时节。汉以后有春秋二社，古人只有春社。"社"是地方保护神的古老信仰。其实各地有自己的传统，信仰方式及仪式，未必相同。古代文中所见的社祭，乃儒家经典统一的规划。社神的凭依，可能是大树，也可能是石块，例如《庄子·人间世》描述的社树，即是极为茂盛的老树。古代各地人民各有其自己尊奉的"社"。鲁国的公室有国社，鲁国的百姓仍有自己传统的亳社。鲁国的社祭，举国欢狂，鲁国的国君也忍不住想一观！社祭中，也有戴着面具的"傩"，当是驱逐不祥的神舞。社祭在中国沿续甚久，台湾民俗土地公及不同神祇的"生日"，也不外古俗的遗留。自古代至秦汉，社钱

---

① 《毛诗正义》之《豳风·七月》；《郑风》之《溱洧》《出其东门》。

② 杨宽，《古史新探》（北京：中华书局，1965），页280。

始终是一般人日常开支中，必须支付的一笔费用。①

小区聚会，集体宴饮是重要项目，正如今日台湾乡村大小聚会，常以宗教性的"拜拜"为名，其中一个高潮则是祭祀后的宴饮。安徽蒙城尉迟寺遗址，有一间大室，留下大量饮食器皿，酒具尤多，已如前节（房屋）所述。这种小区的宴饮，必至既醉既饱，方尽欢而散。

"桑柘影斜春社散，家家扶得醉人归"（晚唐王驾，《社日》诗），不是仅见于唐宋的事，而是中国民间长存的传统！

腊与蜡则是一岁岁尾年头交替的季节活动。夏历的岁首是十月，周历的岁首是十二月；所谓岁首，相当于我们今谓"会计年度""学年度"一类，属于官定的时段起讫。大蜡是祭祀百神的仪礼，《礼记·郊特牲》，十二月岁终，天子合聚万物，所祭的"百神"，包括先啬、司啬、先农、邮表畷、猫、虎、坊、水庸，及昆虫。这一个名单，似乎是从不同祭仪凑合而成的，例如先啬、司啬、农，都是农神，颇为重复；猫、虎、昆虫，均为动物神，据说猫食田鼠，虎食野猪，为田间除害；祭昆虫，则是祈求虫不为农害。田间表志，水沟及田岸，均是农田附近的设施，当是假想有神祇护持。凡此诸神，显示民俗的色彩，不像庙堂关注的对象。我以为大蜡是民间祭典的统称，而且各地有其传统，合而言之，遂有如此离凑的痕迹。这一祭典无疑是为了农事而祈福攘害的田头仪式。

与大蜡相近的祖灵祭祀是"腊"，据《礼记·月令》，腊是

---

① Cho-yun Hsu, *Han Agriculture*: *The Formation of Early Chinese Agrarian Economy*，206 B.C.-A.D. 220 (Seattle: University of Washington Press, 1980)。

合族祭祀祖先的仪式，乃是一族的私祭。中国古代可能有神祇信仰与祖先信仰两个系统。奉祀各种神灵，必须仰仗能够通灵的巫师，也借助一些"法器"（例如玉器）的力量。新石器时代红山、良渚、石家河、三星堆及后世的楚文化，当属于这一系统。中国的圣山（如泰山、霍山）及圣地（如社树、巨石）是由这一系统的遗存痕迹，奉祀天神，当也是神祇信仰的一部分。

另一系统是奉祀祖灵，并由此对于生殖的现象，也列入信仰的对象，例如所谓"图腾"、生殖器、繁殖能力，均属此类。仰韶文化陶器的生殖器、鱼、蛙，取其繁殖的意义。殷商复杂的先公先王先妣祀典……均属此类。这一系统的信仰，不须仰仗巫觋为媒介，却须以子孙担任祖先为尸，以接受饮食供奉。①

上述两个系统，在古代并存而不互斥，尤其在周代以后，两者合并为"敬天""法祖"（孝）的观念，终于发为儒家理念的滥觞。

延伸为人生的各个阶段，孩子出生，男孩受到特别的关注，载寝之床，载弄之璋，是由于父子社会中，男孩长成后有延续室家的任务。男子的冠礼，亦即成年礼，三次加冠加服，不仅象征这一青年已具负起责任的能力，也将他介绍给社群成为社群的一分子。②

女子经过笄礼，也是成人了。男女结婚，男子求婚的贽

---

① 许倬云，《神祇与祖灵》，《石璋如院士百岁祝寿论文集：考古·历史·文化》（台北市：南天书局，2002），页383—391。

② 杨宽，前引书，页234。

（礼物）是执雁纳采，象征已有狩猎养家的能力。女子奉姑舅的礼物是果实与谷物，也代表了女性分工的生产能力。新妇庙见时，由客位的台阶登堂，既见之后，由主位的阶级下来。相对地，姑由主阶登，由阼阶降，象征这一家庭主妇的权力，已经传给新妇。妻子在家庭中的地位，是丈夫的"相"（配偶），其责任是"承我宗事"。祝贺新婚的诗句，祝祷新人有螽斯一般的多子多孙，也有瓜瓞一样的绵绵不绝——这是祖先信仰相关的家族观念。①

人生最后一个阶段是死亡，《仪礼·士丧礼》记载，人将死之际，有招魂的仪式，持死者衣服，在屋顶呼叫死者的名字，叫魂无效之后，商祝以米、贝及蒲实置于死者口中，夏祝将二瓦鬲的"粥"置于西墙，作为未设铭以前，魂魄之所依凭，俟作铭之后，有了魂魄依凭于铭旐，丧礼既毕，则魂依主入宗庙。丧期之内，都须献祭食物，事死如事生。丧事是宗族与社群的大事，领主与所有亲友须参加。丧服的等级，因亲属关系而有等差。因此，整个丧礼是社会性的，而魂魄必有凭依，则又是生命不致死亡的观念。最后神主入宗庙，毋宁反映个别生命在宗族群体中的归属；个别生命既是集体生命的一部分，也是集体生命中的一个阶段！②

死亡并不是生命的终结。古代宗庙的祭祀是生者（子孙）经由仪礼性的飨宴，不断与列代祖先交往与会合。一次仪式，先是准备丰富的宴席，尸（子孙中的孙辈）代表祖先，实际地

---

① 《仪礼·士婚礼》。
② 《仪礼·士丧礼》。

享用酒食，既醉既饱，众人送尸退位，宗族成员，继续欢宴，再叙燕私。祖灵的代表，不仅如在世一般，具体的饮食，也在适当时刻，代表祖灵，宣告祖先对在世子孙的关心与赐福。①

凡此，都说明了古人的生命观念：生命是社会的，也因此，在社群中，生命是延续永恒的。

---

① 《诗经·楚茨》《诗经·凫鹥》《诗经·既醉》诸篇。

文化间的互动（一）
——中国古代文化圈之间的融合

今天我所讲的报告实际上是以中国的新石器时代作为一个观察的场合。

那是个古老时代的文化，古老的文化也有它自己的分合，也有接触，也有拒绝和接受，终于走到最后的融合。观察的目的是要找出一个到后来我们所谓中国文化的合适核心，核心如何出现中央？以及何处是中央？核心呈现的时代，当是在公元前4000年至前2000年两千年中间。

1950年以来，中国的考古学界笼罩在两大理论之下：中原中心论和马克思的演化论。后来慢慢材料增多了，有两位考古学的前辈，开始留意到有太多的文化，不能归纳在中原观念之下。安志敏提出了满天星斗四个字，以为中国各地出现的考古文化多不胜数。苏秉琦又将满天星斗逐渐归纳为六个大区。六个大区之内又有小的分区，小的分区内又有小系统，小的系统里有不同的类型。这些地方文化各有特色。当然区系类型，本身都是考古学上主观的决定。

考古学家必须在很有限的数据里面，理出一些可以观察的线索，从哑巴材料里面，逼出一些可以讨论的讯息。这一过程中，主观成分在所难免，这也是历史研究无可避免的难处：如何在主观之中找出一个众人可以接受的共同意见，从不同的角度考察，然后找出内在的一致性，这个是考古学上唯一可以做到的事情。

苏秉琦先生是考古学权威，1998年过世。他归纳出这六个大的区：三个在北方，一个是后来所谓的中原——我们必须了解，在四千年前中原两字是不存在的。一个是在北边，燕山南北的长城地带，一个是突出的山东半岛，这个小地方它自己成一个系统。南边有三个：一区是东南，另一区由湖北拉到广东。第三区是四川盆地。

今天我想讨论的是中原何以会出现？这一区为什么后来一枝独秀？公元前4000年，至少离我们现在五至六千年前，后来称为中原的地区其实不是最重要的一区。北方一区、山东一区、江南一区，各自都有复杂的社会组织。

北方与东北的红山文化在公元前4000年左右，在今天的辽河地区曾经有很大的礼仪中心。几十平方公里之内，有寺庙（古代的神庙）、有祭坛、有坟墓，构成非常复杂的一个礼仪建筑群。还有非常精美的玉器。四周围有一些次级礼仪中心；更往边沿一点，还有更小的礼仪中心。因此红山文化涵盖的地区至少有三个层级的礼仪中心，也就是说这样一个大的文化有一个中央，或者是最高层的，相当于教皇位置的，用于祭祀的地方。依次再有第二级与第三级。第三级还是地区性的中心，四周还有许多的居民点。礼仪中心和居住的聚落是分开的，人神不能混在一起。

这个红山文化，分布在广大的地区。目前匹兹堡大学有一个考察队，和当地的内蒙古发掘队一起合作，希望找出，是不是这个时候中国的北疆正在分化成牧业文化和农业文化。红山文化的北缘已是草原的边上。庞大而复杂的文化，再加上三级的层级，已经可以看出权力和财富的集中与等差化，才使他们能够动用大量资源。那些坛台以至寺庙的工程之浩大，十分惊人。最近，在敖汉沙漠旁边找到一个石筑的金字塔遗址。红山文化的遗址，其规模之大，必然动用了庞大的人力物力，必须有复杂的、庞大的组织力量。红山文化，几乎可以够资格成为一个国了。但是它没有成为国，也没有成为中原。我们或许可以说，因为它不在中国的中央，在边缘。然而，当时没有中国，哪来中央？

红山之后是夏家店下层文化。夏家店下层文化涵盖的范围也很宽广，西向一直到今天的北京、唐山这一带。夏家店下层文化已经有相当成熟的牧业。他们的工具不是农业用的，是渔猎用的。那么，夏家店的文化有没有复杂的组织呢？也有。聚落不少，也有层级的差别。夏家店下层文化，相对于红山来说，气势格局弱得多，不再有宏伟的建筑群，也不再有精美的工艺品。

红山文化转化为夏家店下层文化，缘故在哪里？不清楚。在人骨体质上似乎看不出太大的差别。但是从生活的形态、社会的组织上，二者显然有差别。神权显然是降低了。层级似乎是政治上的层级，不是祭祀上的。祭祀方面也有等级，大的祭祀中心散为许多小中心，每一个村子都有小型的祭祀地点。祭祀功能分散而不再集中。也没有层级关系。这个是很大的转变。从红山到夏家店是文化的塌陷。

第二个地区是南方的良渚文化，良渚在浙江的杭州附近。二十多平方公里之内有大量人工堆积的山丘，山丘上面还有祭坛，山丘旁边有墓葬，有非常精美的玉琮玉璧。良渚建筑群，除了土山以外，还有大型的庙堂，填高的基础面积广大。还有很长的土墙，堆土可以长达五六公里长，三十米宽，这些工程都非常宏大。良渚文化中心以外还有第二级、第三级以至第四级的中心，其分布范围从江苏上海附近至长江以北，到了山东的边境。这些遗址，也是和红山文化的情形一样，有层级不同的礼仪中心，动用的人力物力也十分巨大。

从良渚文化的极盛期到了差不多公元前2000多年的时候，接下来是马桥文化。马桥文化的特点是什么？高大的土山没有了，雕刻精美的玉件也没有了，大型的墓地也没有了，出现了许多土墩墓。今天，如果各位到江苏的二级公路上，可以看到一个个小土堆。小土堆旁边有小池塘，土堆里边大概就是一个坟墓，里面有些陪葬品。没有高级的玉刻，却出现了带釉的原始青瓷。以整个马桥文化和良渚文化对比，也是文化塌陷的现象，从庞大的复杂机构塌陷为许多地方性的聚落。

第三个地区：大汶口文化在山东。山东半岛面积不大，可是有相当出色的地方文化，大汶口夹在北面的红山，南面的良渚中间。往北走，经过渤海湾，就进入辽东半岛。辽东半岛就是大汶口文化和红山文化交错出现的地方。南向出山东省境到今天的江苏以北,那就是大汶口和良渚交错出现的地方。大汶口的时代也是在差不多距今五六千年前。这个文化非常特殊的地方是它第一次出现了我们可以当作文字的陶文。陶器上刻文,仰韶文化也有,刻的文字,可能还未必是文字,是花纹,也可能是数目字,也可能是记号。大汶口出现的却是一些字,真正的字。譬如说,日字下面一个山,有时在山跟日中间还有一个火。这样的文字,显然就像后世会意字一样,具有一定的意义。尤其不同的地区不同的器皿上出现基本上同样写法的文字,这些显然是约定俗成的文字。除此以外还有精美的陶器。墓葬里面有相当数量的猪下颚,数量越多,阶级越高。村落的大小有显著的差别;泗水流域的聚落,有不同层级的地位。大的村落有一个,比它小一点点的村落有一个,第三级有三个、四个,第四级的大概有八九个十来个。第五级的大概靠近一百,八九十个。就在今天所谓沂蒙地区,聚落的布置是一群一群的,其间有层级的关联性。

这个相当强大的大汶口文化,北边抗拒红山而南边抗拒良渚,本身内部又呈现发展多级层次关系。大小村落周围都有城墙作防御工事。龙山文化出了很精美的黑陶,陶壁黑而薄——我们称作蛋壳陶,像鸡蛋壳那么薄,这是很花工夫做成的。大汶口文化活力非凡,转入龙山文化时,人口增多,村落增多,显然是非常繁荣的文化。

等到龙山文化让步给岳石文化的时候,公元前2000年左右,村落数目只有龙山的十分之一,似乎人口突然减少;高级的黑陶不见了。这又是个文化衰落的现象。

这三个沿着海边上的塌陷现象——两个塌陷一个衰竭——

都出现在公元前2000年左右。时间相去不远,恰是中国历史上出现所谓夏代的开始之时。我们今天考古上可以肯定的时代是商代,可是从古以来我们一直说夏商周。中央研究院史前考古学最大的工程是商代的发掘。从商代追溯夏代却非易事。到了1952年,终于出现了偃师二里头的遗址。在二里头出现了有相当规模的宫殿与庙堂。当时就假定这个是夏文化。不太久之后,在郑州的二里岗,又找到比二里头更古老的、规模更大的庙堂。所以今天,考古学界认为河南的偃师到郑州的文化是商代以前一个格局不凡的文化。最近大陆历史学界进行夏商周断代工程,可是基本上真正要拿中国古代的断代,寻求像埃及一样的年代系,是不可能的事情。埃及有保留的列王时代年代记录,可藉考古订证,中国没有那种记录。

　　山西河南这一带地区的遗址,考古学家认作是夏代遗址,成为后世中原的核心。这个地区也就是仰韶文化区。仰韶文化的源头在关中不在河南。仰韶文化活力强范围大,文化内容也丰富。但是整体来讲,仰韶文化没有如红山、良渚那样雄伟的规模,也没有精美的器皿。他们何以超越更好的候选者,而变成夏文化的始祖?这正是我们今天要问的问题。而且仰韶内部有两条发展的线索,一个是半坡,一个是庙底沟。半坡文化有半坡遗址。半坡是一半农业一半渔猎的文化。庙底沟是很显著的农业文化。这两条文化的发展路线交互纠缠,庙底沟文化遗址旁边可以有一个半坡文化遗址,半坡文化遗址旁边可以有一个庙底沟文化遗址,一路交缠不休,交缠到出了陕西,就不见半坡文化了,出了山西是庙底沟的天下。仰韶本身内部并不是那么统一的。等力量集合到一定才可以建出商代王朝,商代王国。那么是哪里来的力量？下面的课题即是陶寺文化的情形了。

陶寺在今天的山西运城平原的东端，就是说山西省的东南角偏中间一点的地方、晋国的故地，东西向是运城平原，南北向是汾河湾。陶寺是一个很大的遗迹，本来是只有墓葬遗迹，最近又发现了一个聚落遗迹。墓葬区显著看得出有很大的差别。这一遗迹维持两百多年，有一万多平方米的地区。墓葬有三个层次，有一级的大墓，有二级的中层墓，有三级的普通墓。大墓的数字是4％，中型墓的数字是11％，简单的土墩墓的数字是85％。三层差别非常大。大墓出土文物内容非常复杂，随葬品有鳄鱼皮蒙的鼓，鳄鱼皮的鳞还看得见，有极大的陶鬲，有三个空足的三足器。鬲足比我们常人的一条腿还胖。有半个人高。陶寺出土的随葬品种类复杂：有红山的器物、有良渚的玉器、有长江的屈家岭的东西，反映其接受了各种地方的影响。

苏秉琦先生就认为这个地方是红山文化和仰韶文化一个接触的点，接触的点在今天河北的北部张家口。陶寺文化的内容是除了红山和仰韶文化以外，还兼含着大汶口、兼含着屈家岭、兼含着一点点良渚的色彩。陶寺是以仰韶文化为主，成了五方杂处的局面。

陶寺，离上述夏文化不远。假定这个地方承受各个地方的文化，而在各个地方塌陷或是衰竭之后，它因为承受各种的影响，所以不致灭绝。如果运城平原视为夏文化以前的陶唐所在，那么舜的历城也离这里不远。我不想以考古学与古代传说配对。单单从这一个情况来讲，运城平原可能就是一个后世的

"中原"之源，夏文化之后，才是商代文化。商人可能由渤海湾地区迁过来的，商人多次迁都，最后才以安阳为中心。今天考古学上安阳的殷墟是商代最后二百年所在。商人可能曾在郾师也待过，可能也曾在郑州停留。在郑州的二里岗的地方，我们看见夏转接到商的极为突然的转折点。从商的文化来路看，今天的渤海冲积平原可能就是商代古代的起源。先商文化进入到后来夏文化的地区，才吸纳了多处文化的滋养和影响，发展出庞大的商文化。

现在就讲到第二部分：融合问题。

假如夏文化真正是中国文化的起头，夏的下面是商，商的下面是周，周的下面是秦汉，奠定了几千年中国的中央。中央并不容易定的。那么这一个（中央）以商代文化中心的地位，融合了不同成分，发展为后世中国的中原。

融合的成分，我自己想拿五帝系统来作为融合的着眼点。当然我们传说中三皇五帝，司马迁都说三皇是其言不雅驯，他也不触及三皇。五帝的系统也是相当复杂，谁是五帝，说法不一、有不同的解释。我这处采取较常见的系统，就是太昊、少昊、颛顼；炎帝、黄帝。炎帝、黄帝是一对，在传说上炎帝、黄帝曾经是敌对的，黄帝打过两仗：阪泉之战和涿鹿之战，分别击败了蚩尤和炎帝。炎帝代表的是神农氏，发展农业的族群。裴李岗、磁山，这两个小米农业的早期遗址即在河北省的中部、太行山的东麓。现在知道最早的小米农业的起源时代，差不多距今六七千年前。假如神农代表那一阶段，也很合理。

阪泉与涿鹿都在河北省张家口以南。去年内人和我去看过，当地居然建了一个三祖庙，供奉黄帝、炎帝和蚩尤，十足是假古董。

传统的说法，黄帝发明了很多东西，他的太太发明养蚕取丝。黄帝以师兵为营卫，没有城池，是一个武装的移动部落。炎黄之战，是农人和牧人的交战。但到后来，炎黄又成为一家了。炎帝神农氏对抗时，应当是在夏家店下层文化的时候。夏家店在考古学上也正好是既有渔猎用的工具，也有农耕的工具。又恰巧接下红山文化塌陷以后。

太昊和少昊的昊字字形颇近山东大汶口陶文的昃字。《左传》记载在孔子同时，在今天沂蒙地带有位郯子，郯子到鲁国来朝见，鲁人问他，听说你们用鸟的名做官号的，是吗？他说没错；我们很久以前就如此，我们一直以鸟名做官号，不像太昊以龙为官号。配合这一个讲法，郯子的祖先发展了山东的古文明。山西、河南和山东交接的地方，可能是颛顼的老家。颛顼历到汉代它还在，是和夏历并存的一个古历，古代年历的问题，有周历、殷历、夏历，还有颛顼历。据庞朴先生考证，颛顼历是火星历，火星不是 Mars，而是中国星象的大火星。以大火星作为观测点的历。这个古老文化，历时也很长，成就也不俗。汉代的历法家还知道颛顼历。《礼记》记载，颛顼的功劳是能够排列星辰。排列星辰这句话表面上看来是知道星辰的位置，实际上就是他可以用天上的星辰来制定历法。

这五位古代人物合在一起，即是五帝系统，成为一个古代正统英雄人物的系统。五帝系统是不同来源的古文化认同为一体，建立传承的文化系列，假如以陶寺文化为代表，接受各方文化，整合为一个北方的核心系统，由此衍生后世的中原。

华北地区有了这个核心以后，力量能不能够到达南方？不能够。南方和北方的对立还是长期存在。春秋时代基本上是南北对抗的格局。到了战国，南方才纳入了中国的系统。

南方融合的过程是从屈家岭文化的时代开始。屈家岭文化是今天长江中游的史前文化。到了石家河文化的石器雕刻，精致程度超越北方。北方与南方的融合要靠楚文化时代逐步开展。没有楚以前，南方没有一个共同的文化系统。楚文化以后，南方才有主流。祝融八姓中的芈姓，联合当地的百濮和百蛮，共同缔造楚文化，统治者是芈姓，被统治的可能是参加它的集团的百濮和百蛮。祝融八姓是在北方的族群。这是八个 nations 不是 surnames，八姓组成了一个联盟，就是祝融八姓。传说上有一个妈妈，生下八个孩子，三个从左边胳膊出来，三个从右边胳膊出来，两个从足下出来，就是那八个不同来历的人群，拼组为一个祖宗所出的群体。这个故事本身就是一个文化融合的象征。

祝融八姓源出何处？大致是在淮河流域，可能其中有些迁移到湖北，结合百蛮，成了楚国。祝融八姓游动的淮河流域，其实和江苏的古迹不太远，淮河的一部分支流是从山东流进去的，有一部分支流是从河南流进去的。祝融八姓子孙居住的地方，就在河南、山东的地方。

今天我讲得也差不多了，今天就讲了几个融合的过程，而融合前面我们看的就是若干文化它都曾经到达高峰，高峰维持不下去，又出现塌陷。塌陷的原因何在？我们还难有结论。既然没有文字的记载，我们至多只能作若干推测：其中一条推测是结构上的原因。如果管理的方法或能力不够的时候，管理系统过于膨胀，以致消耗资源太多，就会塌陷。从玛雅文化的发展，可以看到这样的事例。

玛雅文化是中南美的古老文化。这个古文明曾经辉煌过，但是后来衰落了。两次迁移，每次都曾辉煌过，又忽然塌陷，不得不搬迁到别处从头开始。塌陷理论，即是研究玛雅文化的同业们提出来的。假如我们用同样的理论来说的话，红山和良渚就非常可能经历了类似的命运。这两个文化内部的单纯性与同构型都很高。也就因此限制了他们的应变能力。一旦发展太大，浪费太多，即不免塌陷。相对地说，运城平原上的陶寺文化，收容力很强，它就可以在别处塌陷之后，有更多发展空间。到下一阶段，商文化进来的时候，商文化继承了陶寺或者附近夏文化代表的强大收容力，遂得继续增高，终成为大器。

这还必须讨论几个未纳入主流系统的文化英雄：共工、蚩尤、柱、冥、鲧。这些没有归入在五帝系统里边，但是古老的文化里，却有他们的影子。帝喾或帝俊，就是楚的祖宗。那么这些人物，为什么没有纳入文化的谱系？可能因为在整理夏商系统时，他们只挑选了几个重要的来源，其余的就丢在一边了，拿来当作战败的形象。蚩尤是被打败了；共工是傻里傻气的，头上撞了个天柱，搞到天塌了，他自己也被杀了；鲧治水劳而无功还被责骂：这些都是失败的英雄。其实，他们当年也是某种程度的文化英雄。柱，是农神，也是火神，冥则是个治水的人物。我以为：主流系统的建构，是选择性的追溯源流，选择出山东的一对，选择出渤海大平原一对，加上河南的一个，组合为五帝的谱系。这一系统是夏商周系统的前身，而夏商周三代一系，也是回溯建构的。

我认为周代建构三代概念，以抬高自己的身份。夏代大概只是古代若干地方文化中之一，然而因为它处于这个转折点上，处于承先启后的位置，所以"三代"就由夏居首。到今天，古代传说中的夏，成了国家起源的象征，从选举的领袖转化成为世袭的国家。但是夏的故事，终究只是后世回溯建构的回忆：这是想象中的记忆、营造的记忆。

2001.10.5

文化间的互动（二）
——社会与阶层间的文化互动

上一次讲的是中国文化系统所形成的核心。今天我想讲古文化中国文化圈中早期的现象，就是不同阶级之间两种文化怎样发生转变。所谓社会阶层，大家都知道，人有不同的权力分配与资源分配，就会有不平等的社会地位。这种不平等社会中，上层与下层过的日子不太一样，并且各自有不同的次文化。举例说，我总是说香港是有五个香港，比如街市的香港、兰桂坊的香港……五个香港也都不同。不过这是闲话，不必多说。我现在就先谈西周。

我今天最先要讲的是西周封建以后，产生的上层文化。西周打败了商人以后，以一个小小国家征服了当时的中国，因而采用了封建制度。封建，基本上是周人把军事力量分别戍守到各处，各自建立基地，再从基地向四周慢慢开拓的战略。这就是"封建亲戚，以藩屏周"。凡此在我的《西周史》一书中已有交代。关于西周的封建，我用了很多考古材料。封建制度中，周人封出去的人数不多，我们从古代青铜器的铭文上看得出来，比如江苏出土的一个宜侯簋，铭文上说带去的人马只有千百人，而且不完全是周人，王人亦只有四五百人，还有其他的是投降或同盟部队。这千百人就构成了国家的统治阶层。除了周人之外，还有商人的部队。商的人口数字应当大于周人。所以当周人不够用时，就派遣投降的商人部队戍守到别处去。

封建的藩国就是周人与商人组成外来的统治阶层。周人行外婚制，与当地部族首领联婚。所以一个封国，至少会有三种人，合成为统治阶层。在考古学上亦有例子，像伯禽封于鲁，就是要周人看管奄国，奄就是当地土著；齐国，封了姜太公的儿子，有周的老同盟姜姓部队，还有殷商部队及当地东夷人；同样，《左传》中所见，唐叔"启以夏政，疆以戎索"。晋国是唐叔封地，唐叔带去军队、做陶器的人、做兵车的人……周王还吩咐唐叔要和当地人和好、尊重当地习惯、尊重当地领袖，要实行三种政策：戎政——戎狄的怀姓九宗、夏政——夏人故土、周政——周人文化。

在燕国，燕人的墓地，分出了三种文化；我有一位匹兹堡大学刚毕业的学生，她写的博士论文将燕地文化分出了五种文化。这些封国都有多种文化、属于多种政治单元。周人及周人带去的商人及当地头目，成为统治阶层。因为封国与当地土著联婚，采取共同统治的制度，因而统治阶层形成了独特的上层文化。

西周时，各地都有封国，北到幽燕、南到淮水长江，广大地区都有封建国家，每个封建国家的统治者都有共同特色，就是都以周人的母国的文化作为主要成分。当然，周人的文化亦是相当接纳与继承了相当部分的商人文化。诸国都有共同的背景；这种文化是建立共同认同的工具。封建体制是阶层化的，有国君、公、卿、大夫、士。这几个层次，有不同的权力，也有不同的义务，也必须有一种制度来规范这些阶层。这个规范，就是礼制。我们从考古学上看，好像是从南到北，许多不同的遗址的情况，都是相当类似。国君的墓葬有九个鼎、八个簋。第二级是七个鼎六个簋，第三级是五个鼎四个簋，诸如此类。礼制规范了单数的鼎、双数的簋。从这些数字可以看出阶级区别，非常一致，不因地区而有差异。不管东南西北，只要有周人的封国，就有这种礼制。当时的上层文化，是呈现这样的一致性、统一性。

当时的人也要懂他们的普通话，这是贵族之间沟通的语言。我们不太知道他们是否有普通话。据说他们都用《易经》占卜，我们不知道是真是假，这样很难说，我没有真正考古学的数据。但有一件事知道，我们从文献上看，《诗经》确是他们共同的符号的语言。《左传》有二百五十六处直接或间接引用了《诗经》。显然他们都熟识《诗经》。有十九处，是外交的场合、正常的政治交往。同国多国贵族之间交往交谈，常常用《诗经》，甚至断章取义。他们从诗中抽一句出来，这句话理跟原来的上文下理不很相同，再从这个断章取义取出另外一个意思。换句话说大家讲话，都是在打哑谜。举例说，晋国当时做霸主，它的霸主位置可以媲美今天的美利坚合众国，甚至比美国还要霸一点！（今天在联合国的人权委员会中，美国的席位也被夺了呢！）那么有些身处列强之间的国家，有时碰到尴尬局面的时候，比如说楚国刚刚被打败，郑卫小国就回到中原那边。以前投向楚国，现在要靠拢回向中原，这些话很难说出口。他们要向其他国家请托美言。比如说托鲁国打招呼，但是这些话要说出口就是非常委屈，接待鲁国国君或接待鲁国大臣的时候，就用诗句传达请托。鲁国听了这句诗呢，大概也晓得那个意思，"请大力帮忙，我们兄弟之间不是没话好说的"。如此地打哑谜，而且有来有往。这种说话，贵族们不能听不懂，听不懂就被人家笑，笑这个人不懂事。也有在普通宴会的时候，互相称赞，说的话也是用诗来交谈。还有至少另一个场合要谈诗。晋卿赵武子，他去郑国的时候，郑国七个卿大夫来接待。赵武子就说"七子从公"，七个卿大夫跟国君来招待我，那是我非常大的荣誉，我能跟你交交朋友，我也希望能听你们的志向如何。每一位卿大夫赋一段诗，赵武子就实时下个评语。他从那些诗句可以看出性格，从用诗的得体不得体，看出这个人是否真正的受到适当的教育。当时贵族社会可能有一个共同的官方语言。有一个官话，晓得有个句子错了，晓得有个不合上文下理，是不是适当……没有官话，交际即不能进行。这些一定是他们的教育中最重要的一环。

　　孔子与儿子孔鲤对话的时候，孔鲤在堂下走过去。孔子说："站住！你读什么书？"儿子就站住了。（这个"你读什么书"，跟我们家的老爸爸不就一样了？我们爸爸一回家，一碰见我们就问我们读什么书了！我跟我儿子也有这毛病，我跟儿子打电话，第二句话就问："最近功课怎么样呀？"）孔子知道儿子读《诗经》，就赞赏儿子："不读《诗》，无以言。"所以，诗就是他们的共同语言。

贵族文化中有他们共同的礼制、共同的语言，即是一个相当一致、同构型的文化。从这个共同语言，可以引申出别的意义。孔子与子夏谈话之时，就从原来的赋诗言志，引申到道德修养。《论语·八佾》记载，孔子引《诗经》的"巧笑倩兮，美目盼兮，素以为绚兮"，原意是在白色的布面画上花纹，孔子就引申为：礼是在诚上，要有真心诚意，才能配上装饰的礼制。他们以诗这个共同语言，也能有这么多种用法。这些共同文化，是贵族这阶层共同形成的。事实上，到后来孔子就是把这个文化改造引申，成为人类应有的共同的需求。

贵族群里面，当时至少有几项规范。一是忠，对自己直接的主人忠，然后才可以对周天子忠。这是阶层化的规范。礼，不论是言谈或行为，大家也要共同遵守。这些都是上层文化。

下层文化，就不同了。每个国家，除了有最上层文化之外（还有下层），下层包括城中的居民。考古发现所见，至少在春秋之时城市出现相当多了，每个城中都有商店，也有作坊，制造铜器、陶器、玉器等等。城中居民有不少非士阶层，他们当然有自己的文化。《左传》有个出名的故事，齐国的晏子是当时很有名的人物，晏子住所外边就是普通老百姓的民居。晏子跟齐侯谈话时，就把很多他知道的民间情形、风俗习惯、谈吐打扮等告诉齐侯。在城外，还有很多"野人"。这些野人不是蛮夷、不是无文化的人，野人是那些城外田野的古老族群，并不住在统治阶层的城中，这些野人在城外过自己的日子。这些野人文化不低的啊，孔子也说"先进于礼乐者，野人也"，野人比君子更懂得礼乐！然而，上层文化与下层文化之间，终究是不相同的。

至于宗教信仰，以鲁国来说，就有国社、王社，及当地老百姓的亳社三种土地庙。孔子自己的愿望就是在"两社之间"；他是双重文化的人。上下两层文化，本来是分得清清楚楚。可是，春秋晚期、孔子的时代，"礼坏乐崩"。"礼坏乐崩"，就是上层文化塌到下层去，本来阶层的文化崩塌了。我们在考古上亦看得见，春秋晚期到战国，有规律的制度，比如是前面提到的"列鼎制"，九个鼎是天子、七个鼎是诸侯、五鼎一鼎等等规律的制度都乱了。我们看见低职位的人有相当数量的鼎陪葬。鼎的双单数之分亦没有了。一套鼎本来应该是一模一样，亦变得不一定相同。鼎上装饰性的花纹，多于礼制性的花纹。整个上层文化是倒塌了。另一方面是"僭越"，下层的人可以用上层的仪饰。管仲，是了不起的人物，管仲却并不是卿，只是大夫。但管仲家里的用具、挂画、门楣上的雕刻图案，都已超过了自己阶级该有的，更不要说他家里养了一大堆妻妾了。种种的混乱，在孔子来说是可叹之事，但在我们今天的眼中，这些就是文化交换，上层文化与下层文化的交融。下层文化侵入上层文化，很多礼制上不用的装饰性的花纹图案，就是当地地道的文化色彩。江上淮汉这一带的小国，居于中原与南方之间，最出名的就是曾侯乙的编钟在墓中出土，曾侯乙墓中众多陪葬品，有当地色彩、有南方楚国色彩、也有真正的北方贵族原有色彩。同样的，黄、蔡这些国家，都有不同的地方色彩，可从他们的青铜礼器中发现。

　　本来上层文化的人有姓有氏，姓与氏本来是不同，姓是nation，不是surname。氏是同姓之中分出去的小单位，是sub-nation。姓与氏都是属于上层贵族与领袖阶层的，下层之人众是没有的。但到了春秋之时，经历巨大的社会变动。刚才丁邦新院长在开幕时介绍我的书 Ancient China in Transition（这是我第一本英文书），就是讨论这时的社会变动。社会变动的结果，是上层文化的人员落到下层，在《左传》中经常有人说卿士大夫落到了用人奴隶之中，就等于庙中牺牲祭品所用的牛，沦落为耕田的牛。《左传》对这些感叹很多。有名有姓有氏的人，当成为了平民，仍是有姓有氏。老百姓亦开始有自己的姓和氏。于是到战国之时，几乎人人有姓有氏。到了司马迁《史记》，写到汉高祖时，说高祖"姓刘氏"。这句话是很不通的，姓中有氏，姓与氏不同的。本来只有贵族才拥有姓和氏，到司马迁之时，姓和氏已经难以区分。这就是本来贵族才有的特权，普及到了民间，人人皆可拥有。

在考古学上，我们亦可见很多地道的风俗习惯，过去是不容于贵族礼仪之中的，却出现了。有一个很清楚的现象，就是山东齐国的墓葬有了人作为牺牲祭品。我们知道商代墓葬用人作牺牲，是常有之事。不但甲骨文之上说得清清楚楚，发掘出土的殷墟墓葬，经常有随葬之中作牺牲，墓外有人断头断臂，填在泥土里都有。周人取代殷商之后，禁止用人作牺牲，周代墓葬基本上是没有牺牲的。早期封建诸侯国的墓葬，确实没有牺牲。但是，春秋晚期到战国，齐国的墓葬常以人作牺牲。以人作牺牲本来是东夷风俗，是齐国当地的风俗，《左传》中至少有两处责备这种风俗，孔子亦责备这种风俗——孔子是商人之后，但以复兴周礼为己任，因而责备殉人风俗。东夷用人作牺牲的习惯，重新出现，更进入贵族阶层，这就是上下文化的互动。

这些现象说明了上层带来的贵族文化，到了战国时代基本上变成全盘中国化，不但北方，楚国亦一样，全中国都接受这种上层塌下来的精致文化，形成了文化的高度一致性，就是英文的homogeneous，上层文化普及化。可是，倒过来看，当地文化特出了。在一致性方面，就有多样性。

这能用什么现象来说明呢？今天我们出土很多战国时代的简牍，大概超过数万字。这些简牍帛书文字的写法，都符合"六书"，没有其他的文字系统。但是，楚国有自己的书写法，偶尔有几个楚国独有的字；秦国有秦文字的风格，一眼就看得出与楚国的不同。越国文字写在剑上的，每个字像一只雀鸟，是自己的风格；北方三晋到燕国，基本是一个风格，而齐国文字有些不同。各国文字，各有各书写的方式，但却是用同一套文字系统，这就是一方面有大同，一方面有小异。

大同方面，我认为最重要的现象，就是儒家的形成，孔子将贵族的文化变成普世的文化，不再是一个上层族群专有的特权。从"仁"，一步步开展；用"礼"，扩大其内涵；从"仁"与"礼"，引申出"义"，一步步扩大，发展了中国的伦理学、政治学、社会学。儒家这套的东西，引发了诸子百家的讨论与对话，引发建构中国文化的工作。这就是上层文化塌陷之后，孔子在上下之间，既是没落贵族，又懂得做各种各样的礼制。孔子本身是上下层之间的边缘人，在这个环境与特色，造成了如此大的贡献。

我们在中国历史的后半段，有类似的情况。至少在秦汉之时，除了皇帝及少数诸侯以外，基本上全国是一致的。语言不一样，各地有方言，但文字是全国一致的。上下之间分别不大，上层饮食好些，下层饮食差点，但食物资源大致都相同。从考古上我们亦看得出是如此。但到了东汉后期，一直到魏晋南北朝，社会又有了阶层化现象出现——世家大族出现。世家大族独占学术地位。南北朝外族入侵以后，在中国北方，传统文化只能保持在世家大族之中、留在坞堡的墙后面。文化都在世家保护下的小小地方之中，未必达到下层人民。坞堡以外的平民就与受教育的世家子弟切开了。而外族进来的人，像匈奴族的刘渊，其实是受过相当好的教育，读过不少中国经书。早期的几个胡人君主，基本上都是中国的上层人士。但这些胡人君主带来的部族就不一定受过中国式教育。所以当时中国北方，至少有几种互相割绝的人群，一个是军事统治阶层的胡人贵族，一个是坞堡后面的世家大族，这两群人基本还有若干共同点。但五胡君主带来的胡人、军人及百姓，就和在北方务农的汉人百姓有很大的差异。他们之间的沟通后来才逐渐发生。混合的过程与上面讲的中国古代并不完全一样，有相当多的贵族因为利益与权力的交换，构成了胡汉交融的上层社会。可是下层的胡汉界线非常之大，学到了鲜卑话的就成为鲜卑人；汉儿学鲜卑语，坐在城中把汉人骂。甚至有汉人跟到北方边疆镇守，高度胡化。所谓六镇子孙，六镇是北方边境，也有汉人成为六镇军人，已经完全胡化。北齐的开创者高欢，本来是渤海郡人，后来是完全地胡化了。当时六镇兵变，打败了高度汉化的鲜卑王族贵族拓跋氏。我们可以看得出来，那时除了上下层之分，还有胡汉之差别。

　　这些分歧，基本上要等到北朝崩溃以后，北朝贵族下降，民间开始受教育，汉人士大夫出仕，直到隋唐之时，胡汉才慢慢交融。我们常常说大唐声威，唐代初期基本上是胡汉混合的朝代。而安禄山以后，北方基本上也是胡化的，从安禄山经过残唐五代，北方执政者都是胡化的。以致到宋代，燕云十六州、半个河北、山西北方一带都是契丹人的辽国所统治，基本上都是胡化的——辽金元以来，这些地方都不再是汉地，胡人文化在那里根深蒂固、时间相当长。到朱元璋把蒙古人赶走，中间历时数百年，胡化很久了。这样造成了中国南方与北方的文化差异，基本上不是隋唐短暂的统一可以融合下来。这个不是统治阶层与被统治阶层的差异，而是两个地区性的文化。

到现在，我们这个世界，自1840年以后五口通商，中国沿海的通商城市，实际上构成了另外一个文化。这个文化的源头是挟持强势文化的洋人，然后才向下延伸到一般的城市，如上海、香港。这文化再往下伸展，过去一般老百姓的烧饼、馒头、稀饭，今天香港人的早餐是牛奶、面包、鸡蛋，这些都是文化往下扩散。这种趋势还在继续，不但在中国，各处都有。印度的孟买、埃及的开罗，这都是相当于中国通商时出现的上海，这些城市都用相同的语言；商业语言与学术语言，过去是法文，今天是英文。

现代是文化往全世界深入、全世界普及下去，总会走到一个同构型。但是同样的，各地都会有自己的文化特色，尤其是第二次世界大战结束之后，殖民主义基本结束，商业殖民经济殖民还实质存在。政治殖民与帝国主义基本消失了，各地都有寻找本土的现象。这就是localization的过程，地方文化向上走。重建过程永远无法回头，一定是与殖民者带来的科技文化、经济文化、资本主义结合在一起，重建过后强势文明仍然是很强的。

所以，现在世界的走向，很像战国时代中国文化构成的过程。这两个过程相当相似，都是有一个看来是同质化的东西，但内部却又冒出本地文化特色。本地文化特色能维持多久呢？很难说。要是像中国秦汉一样的话呢，本地文化特色就会越缩越少，但不会全部消失。到今天我们看到中国的地方风俗、方言都在，而且都有相当影响。最近十年，大陆上各地都有杂志出现，《齐鲁文化》《巴蜀文化》《吴越文化》都出现，每个省都有文化研究会，这些冒头现象，在中国几千年的统一文化之下，"地区"仍然存在。所以，未来世界的同质化方面，肯定仍会有本土化。

丁邦新：我觉得许先生演讲最精彩的地方，是把古史跟考古的东西配合起来，本来是书本上的东西，一跟考古的东西配合上，就鲜活起来，让我们看见很多东西是有证据的。第二点，就是许先生用了很少时间就从西周讲到现代。我开场就说，许先生是位关心社会的历史学家，他下次演讲就会讲到现代。接下来大家可以问问题。

问题：许老师，现在不同国家跟他们不同的文化，有点排斥。你怎么看？

许倬云：我当然觉得越多文化留下来越好了。这就像是越多不同的基因（genes）留下，就越有选择，越能保持未来的调适能力。如果大家都融在一起的话，就像把油彩不同的颜色都混在一起，最后的后果就成为一团黑色了！本来是五彩缤纷，就变成了黑色一团。

问题：这么多的不同，会不会有更多的冲突呢？

许倬云：这个就是问题了。我们要尊敬每个人的不一样，要对其他人的不同有些好奇感、不要拒绝。我什么都吃，就是有好奇心；有些人拒绝吃北方饭，有些人拒绝吃南方饭，有些人拒绝吃西餐。我有些美国好朋友，我介绍他吃臭豆腐，他说打死都不会吃，宁愿与我绝交！

问题：许老先生，你讲封建制度，与你写的《西周史》一样，都用了很多考古材料来讲中原的族群问题。但是我们看到后世的儒家，比如说他们在汉代以后记载的封建制度，这些重点都放在权力以至政治的仪式。这些都使我觉得文献与考古的重点都有差异。

许倬云：确是有差异，我们要了解，我们看的文献，一大半先秦文献，都是贵族社会自己用的。到了《论语》以后，才是讨论大家的问题。

我说的族群问题，比如说燕国——燕国的例子不好，资料太少。我们以晋国来说，晋国本来是唐叔之后。但到了晋文公之时，晋文公的母亲是狄人，她姓狐，狐是狄人的姓氏。晋国明明是西周贵族，因为联婚，狐姓这些人都成了晋国贵族。每个当地土著群中都有若干人进入统治阶层，而大多数留在城外成为野人。野人与贵族的关系，可能是联婚，也可能是纳税的百姓。所以周礼有两套制度，乡和遂，都不同的。孟子讲的井田，其实孟子搅不清楚，井田不是给一般人的，而是给周人带来的族人、军队圈地井田，就像满洲旗人一样。

阶级现象，是族群现象。我举的例子南北朝也是，纵向的现象是与上层结合，横向的现象是各族群分隔。像当年，英国人治港的高官邓莲如女士，退休之后搬到英国去了。她是中国人，但她的文化故乡在英国。

问题：贵族阶级制度，对社会是推动前进，还是阻碍前进？英国有阶级制度，中国的封建王朝都强调等级。假如有阶级制，人生来就不平等了。

许倬云：我们应当将阶层与阶级分开看，阶层与阶级，两个观念是不同的。任何社会，因为能力的差异，甚至因为机遇，我们都会有不同的收入、不同的地位、不同的阶层。这是阶层，不是阶级。所有人都能在不同阶层中浮沉，是一个自由流动的社会、开放的社会，有阶层是正常的情况。阶级，继承性很强，是不好的。阶层是正常的自然现象，阶级是人为制度。阶级是维护少数人的特权，使少数的特权长期维持。

如果讲是好是坏还比较简单，但讲进步不进步就比较麻烦。进步，要看是哪个方向。我认为，人的脑袋没什么大进步！我们拿一个方向来说吧。如果越复杂、越丰富算是进步，有一些事情，如古代每个人都去种田或打猎的话，没有人做专业艺术家、专业文学家，我们没有办法创造后世文明。这些文学家、艺术家，大部分依附在统治阶层上面，使得有别人打猎种田来养活这些人，让他们生产玉器、陶器。说来，我们做教授这行业，本身也是脱产的专业人士！所以，一个社会的分工与所谓阶级，是不同的。分工是需要的，阶层是会自然发生的，因为人的聪明才智不一样、能力不一样。跑得快、气力大的人就可以做将军，聪明能干的人就可以多发财。

丁邦新：谢谢各位，欢迎大家下个月参加第三个演讲。

我要做一个结论：就是我受到西方文化影响，但我仍然喜欢烧饼、油条、稀饭！

2001.11.2

文化间的互动（三）
——中国文化与外来文化相遇

"9·11"事件以后，两个人发了文章：一个是亨廷顿，他预言西方文化与阿拉伯文化有冲突，果然如此；亨廷顿又说与西方文化冲突的另一个文化就是中国文化。另一位学者是萨义德，他的文章说文化不一定是冲突的，有许多的交流，双方都有好处；他特别提出了，欧洲文化正在黑暗时代之时，阿拉伯文化接过了欧洲文化的遗产，做了发扬光大的工作，后来又将欧洲古典时期的知识回馈欧洲。

这两位学者，一个冲突论，一个交流论，今天的题目就在这里开始。他们两位先生讲的都是一面，所以我要特别标出：任何一个文化群或文化体系，实际上可以从三个不同的接口来讨论。接口（interface），是一个情况进入另外一个情况，或者一个体进入另外一个体，它们交叠碰撞的一个面。一个文化可有三个接口和其他文化作冲突或交流。这三个界面是：物质与生活，政治与社会，及观念与信仰。

萨义德讲的，是我所说三个接口中的观念接口，如哲学、宗教、学术。亨廷顿讲的，是从第二个界面说的，如政治与社会。他们两个人其实指涉不同的接口，所以没有交接点了。我想到大家都熟识、来过香港来过科大的几位学者，一个是艾森斯塔，也是我及张灏教授的老朋友。他从 Axial Age（轴心时代）转捩的时代，讲到超越的价值，用以做文明本身的起首点，从这上面再衍生文明的各个层面。他做了很多的努力，解决转换的机制问题：就是从道德与伦理的价值观怎样转化到结构方面。他努力的方向就是我说的第一个接口与第二个接口的转换。华勒斯坦亦到过香港来讨论世界经济体系的形成，这个理论系统最大的注意点当然是物产的流动而至货币的流动。他指出从 1500 年以后世界经济体系的渐渐形成。他所说的就是第二个接口及第三个接口，基本上没有说到第一个接口。我指出了这四位学者各自注意的项目，我认为我们要讨论文化体系，应该从三个接口一起来观察；而每一个文化体系与另一个文化体系相碰相撞或交流的时候，来的方向与去的方向并不一样。在此我就用中国历史来做个解释。

这三个接口碰撞，我先做个预先说明。第一个接口是哲学、宗教，如果从这个接口碰撞的话，影响深远但十分缓慢，当代人也看不见，要长时间之后才能看见。第二个接口是国家、社会、经济、组织，尤其是接触到国家层面与主权的时候，碰撞是猛烈的，然而影响可能比较短暂。所谓短暂，从历史上看来，尤其是古代史的角度，一百年仍是短暂的。我们是放眼在千年，所以每天看到的新闻亦只是小事，过几年就会过去。第三个接口的碰撞,就在上述两个层面之间,时间上有几百年,影响力也可能持续相当长时期。这三个时段,有点似法国年鉴学派所说的长程、中程、短程。不过,年鉴学派所说的长程是地理与气候,比我们所说的文化层次更要长久。我所说的长程,就是年鉴学派的中程里面的文化层面。我所讲的中程是他的中程/conjuncture里面的社会与经济。我的短程是他所说的events时间的层面。历史是可以用不同的长短的时空来观察与讨论的。

河流,有些时候流水很急,有时很缓;进入大海,有些是深层的暗流,有些是表面的浪花,都不能一概同日而语。我今天想和大家报告的一个比较主题,是依着时代往下来算。我回到我的老本行,从古代史说起。中国之作为一个中国特色的文化Chineseness,基本上要到新石器时代才能发展到相当程度。各地区性的文化多多少少经过交换、碰撞,基本上差不多融合。所谓差不多的意思,到了公元前2000年,有一些可见的中国特色出现,中国的基本特征渐渐出现。但这还不是涵盖今天整个中国。南方还未涵盖进来,北方及西边的草原还未涵盖进来。西南高地也未涵盖进来。

在公元前2000年,中国是指华北地区为主体。以那个中国为主体来看,中国与世界上其他重要的文明系统碰撞,有一些可见的东西。比如说,马车。大家不要以为马拉的车是一件小事。我们今天看见汽车,当然不觉得马车有何特别。其实在我祖父的时代,仍是马拉车、牛拉车的时代。马拉车并不容易,全世界只发明过一次,扩张到全世界。马车到达中国,大概公元前2000年左右,在考古资料上没有发现更早的车。

马车，是在内亚发展，然后向四方开展，在公元前2000年传到中国。

也是在这个时候，中国忽然也出现大型的青铜器，铸造青铜器的技术亦一下子成熟了。这带出了一个问题：青铜器是否中国人自己发明？不过中国的青铜器有自己的特色，而且与中国的陶器传统有连贯性。所以这是个较难处理的问题，到今天我们不易用一句话断定，中国的青铜器是完全土生的或是完全外来的。我认为中国的青铜器，观念是外来的、技术是土生的，从制陶技术发展出来。假如观念是外来的话，中国的青铜器就是文化碰撞的结果。碰撞是哪一个层面呢？是事物的接口，生活素材的界面。这个碰撞有没有长远影响呢？有。有了车及青铜武器，人群征服另外的人群，斗争的规模就比较大了，效果亦相当显著。于是，群跟群的战争，就出现统治者及被统治者，出现阶层化、复杂化的社会体系，甚至复杂的国家体。这个影响非常深远。跨过这个门槛之后，是不能回头了，不能再回到没有国家或没有复杂的简单小社会。这个是第三个接口发展向上影响到第二个接口。

这三个接口的关系，是一个四面体。这个金字塔的三面，就代表了三个接口。三个接口之间是互通的，一个接口发生的影响可以触及另外一个接口。第三个接口发生的青铜与车，就影响到第二个接口的国家与社会，令社会复杂化，以至形成国家组织。

第二个例子，就是汉代的通西域。今天我们食用的洋葱、葡萄、苜蓿，都是在汉代通西域时传入中国。这些第三个接口、物质层次的影响，并非那么显著。只是拿我们中国为例，日常的菜单变得更丰富、吃的种类更多。音乐方面，亦有了拉动的弦乐器。这些影响，看来并不严重，但是每个人也接触到，算得上有相当的影响。饮食上对我们更大的影响，就是小麦。中国本来也有小麦，可是古代主食仍是小米。汉代从西域得到粉食的方法，不再是粒食，有了磨粉，（就有了）面条、馒头、饼。饺子是否那时进来呢？不知道，很难说。这些是生活层面。

但更重要的就是从西域进来的第一个接口的佛教。我们中国人的心态，从儒家心态及潜在民间的各种多神信仰，一下子变成复杂的宗教系统。佛教的刺激，也引发中国本土产生道教，这是老生常谈，不必赘述。这些影响扩大下去，影响就大了。我们不但有了果报观念，不但有缘分观念，我们不只对生老病死有了完全新的看法，不只有了比丘尼及比丘，在其他方面，亦有延伸出去的后果。第一个撞击，撞击到主权问题：沙门拜不拜王者？中国的政治体制内，是否容许一个不服从天子的人？这是佛教进入中国以后，在魏晋南北朝引发的严重问题。第二个严重问题：出家是否不孝？出了家，绝了代，没有子孙，不是不孝吗？这两个问题，一个碰到家与社会，一个碰到国。这是从第一个接口进入，严重影响第二个接口。这两个问题辩论了很久，后来基本是不了了之。不了了之的方法很简单。沙门已经是出世之人，拜不拜王者根本不是问题，但朝廷仍然设僧录司的单位管沙门。不孝的问题，大家记得《红楼梦》中，贾宝玉披了红袈裟，一哭一笑地向贾政一拜之后，贾母痛哭，家人安慰她说"我们家里几百年不见得出个佛爷"，这个理论其实魏晋南北朝时的慧远就已经说过。

佛教在其他方面的影响也非常深，基本上涵盖到三个接口的每一个接口。生活里面，有了茹素的特殊现象出现。文学上，我们的诗开始用韵与平仄，这个是梅祖麟教授的专行，大家有问题可以向他请教。中国人的音韵学，基本上是佛教带进来的，令我们的诗有了另外的味道。建筑方面，有宝塔、寺院，这些都是过去没有的。从第一个接口走进来的佛教，我们可以看见有这么深远的影响。到现在，基本上我们已经忘了哪些是外来的、忘了哪些是受外来刺激而出现的现象。

同时，在同一条路上，还有外面进来的启示性宗教。比如后来的白莲教，都有救世主要来、渡过劫数后有新天新地。这些启示性宗教在中国民间宗教里面影响深远，其来源于西域开通之后。不一定必在西汉进来，当时可能进来了一点点，大乘佛教本身亦有启示性的特色。真正进来应是唐朝时摩尼教所带进来。启示性宗教进入中国后，在民间的秘密宗教影响扩大，隐伏于民间从未断绝，到一定时候又再出现，几乎每次大型民间运动都是启示性宗教作号召。

另外一个冲击进入到中国国家层面，令中国的国家层面出现改变。中国在秦汉以后，是一个天下国家，所谓"普天之下，莫非王土，率土之滨，莫非王臣"，一圈圈地套出去。就如《禹贡》中，最远的叫作"荒服"，一个个同心圆套出去。但到了通西域之后，设立了西域都护，（这是）在自己政治权力能直接管理以外、又不是朝贡国的地区，中国可用军事力量建立的一种权力。班超以三十六人定西域，这个冒险动作是相当惊人的。他与英人克莱武用很少英军定印度相似。西域都护只有少量的屯田兵，人数不多，全仗中国的声威及西域当地的兵力，与匈奴作战。这个制度，是一个内外两层特别体制。通西域，终于令中国的国家体制亦出现冲击。这一次通西域的经验，可以说是触动了整个中国人的三个界面组成的文化体系。这个与古代由青铜及车子所带来的碰撞，就很不一样。

我们倒过来看看，别的文化体系碰到中国体系，比如魏晋南北朝，对汉人来说是"五胡乱华"，对胡人来说就不是"五胡乱华"。这一次文化碰撞，是草原上的游牧民族从东到西，从沙漠冲击中国，在各个层面冲动了中国。他们没有从根本上冲动中国，但加入了很多东西，第一个是双轨制的主权。刘曜建立第一个胡人国家，刘曜用两个衔头，一个是大单于，一个是中国大皇帝，两套主权。石勒，他是被卖到中原做奴隶，他结合了十八弟兄起家，组成军队建立国家，也是一方面叫大单于，一方面叫大皇帝。这双轨制一直用到唐太宗。唐太宗是天可汗、也是中国皇帝。我们往往以为是北方民族对唐太宗非常佩服而上天可汗的尊号。非也。天可汗，是突厥可汗的称号延伸下来。唐高祖曾向突厥称臣，唐太宗反过来要突厥给他天可汗的称号。后来的征服王朝，辽国有南院北院，金国有猛安谋克的驻防地，元人有达鲁花赤，清人有八旗设立的政治制度。南北朝那一次北方民族与南方中原的碰撞，碰撞的痕迹一直留在中国的政治制度。只是我们常常视而不见。回头说来，这些都是南北朝以来建立的双轨制的问题。这些碰撞，都是从第二个界面的国家政权碰进来的，碰进来以后影响继续甚久。

清朝时，汉人妇女不穿满装；到清朝亡了，大家都穿旗袍，到近来才穿洋装。汉朝时人人坐席子上，用案矮几来进食。但是到了南北朝以后，中国人用桌子坐椅子。这些都是从第二个接口的征服者带来第三个接口的影响,但他们没有再带什么第一个接口的宗教或哲学。因为他们本身的文化素材不多,南北朝的胡人同化了,辽人金人同化了,满人亦基本上同化了。元人没什么同化,蒙古人国家太大,只能说在中原地方的蒙古人同化了,在蒙古本部的没有,在中亚的蒙古人同化于别的文化。

再往后一次进入的碰撞,是西方带来的碰撞。第一波,是Nestorian基督教的支派——景教在唐朝进入,没有多大影响,一下子不见了。真正带来影响的,是明朝利玛窦等耶稣会士,经过长期努力,把天主教介绍到中国。这个碰撞是第一个界面。可是,很快就发生冲突。耶稣会士的中介人是徐光启等人,他们的圈子不能超越知识分子以外。同时代进入中国的道明会、方济各会等,他们的接触圈子没有离开东南沿海的通海职业,如船夫、商人、华侨。这两个圈子,基本上没有发生大规模的影响。但是有没有其他后果?有,即刻碰上第二个接口的政权问题。当时罗马教廷知道耶稣会士借用大量中国观念及词语来解释天主教教义,比如用中国人"天"的观念,创了"天主"一词,中国人本来不把天和主加在一起;利玛窦等十分讲究儒家,基本上用儒家观念或名词来解释天主教。教廷写信给中国朝廷,认为中国既有传教士,中国当然要受教廷指导,中国人不能拜祖宗。康熙皇帝当然不理会,于是发生了大礼之争,传教士亦被禁止在中国活动。可是,教士仍受清朝雇用制造枪炮、修理钟表、看天文。这个层面的碰撞十分严重,但影响不能算太深。

但这只是第一波而已,第二波进来就十分严重了,那是

19世纪的冲突。但在此之间有一个碰撞看不见,就是15世纪新航道出现,欧洲航线到达美洲及中国,西班牙人掠夺墨西哥的白银以后,运到中国,支付购买中国商品的价款。大量的白银流入,影响到中国社会,沿海快速密集都市化,沿海地区变得十分富裕,几乎三百年内经济一直上升。明末江南几乎出现资本主义,不过最后亦没有走向真正的资本主义,因为没有工业革命(但为何中国没有工业革命,这是个十分严重的问题,谈起来没完没了,我们今天不谈它)。换句话说,和西方碰撞,经过澳门通商之后,这三百年的影响对中国相当严重,趋势几乎不能回转。当然更严重的后果,就是之后19世纪的碰撞,香港就是这个碰撞的象征。碰撞的后果我们十分清楚,一百五十年来经受排山倒海、铺天盖地的影响,西方影响从三个接口压进来。各个接口都碰撞过来,但主力从第二个接口压进来,直接冲击中国的主权,中国的主权受伤害。但碰撞的动机,是第三个界面的经济动机。鸦片战争、通商口岸,都是为了经济利益。

第三个接口与第二个接口的影响,终于影响到第一个接口,造成我们终于摊开双手,接受西方文明代表的科学与民主政治。这个撞击之强,几乎完全撼动了中国固有的第一个接口、代替自己的第一个接口。从这几个例子,来说明不同的接口之碰撞,都可以引发到其他接口的转变。这些改变,在不同情况下,有的长有的短,有的深有的浅。

2001.12.7

刘邦与朱元璋
——两种创业的风格

现代资本主义市场机制下,企业管理是重要的强项。过去,投资与经营都可由一个人(或少数人)直接处理。一个自然人可以全凭自己的意愿,驰骋于市场,运用之妙,存乎一心,并不需要管理理论。但是,今日的市场是许多"法人"角逐的竞技场。如何组织高效率的团队?如何筹划最佳的策略?都是这些企业群体盈绌成败之所寄。而不论组织,抑或经营,这一群体的决策中枢,亦即领袖的领导功能,尤是举足轻重的因素。

历史上的国家治理,又何尝不是在处理群体组织和资源运用的方式?近代以前,资本主义市场的企业还未出现,然而一个皇朝、一个国家其开创与守成,又何尝不是经营与管理两个领域的操作?

本文谨由若干问题出发,于领导功能,尝试有所申论。拙论取材，大多是从历史中引述，或为典章制度，或为人物传记，却不拟涉及今日管理理论。这种做法，别出蹊径，只能算是一番尝试，提供管理学专家们参考。

管理一词，应当包含经营与组织两个项目：经营部分，既有开拓的宏规，也有风险的处理；组织部分，也兼具结构与运作两个方向。领导者在经营与组织双方，都必须注意，方能成事。

中国历史上，皇朝起伏递嬗。以皇朝兴衰为基本数据，则开国时的创业，当然是经营的现象，其领袖（开国君主）必须有所筹措；开国以后，继统的君主，也时时必须面对种种问题，例如天灾人祸、内忧外患……如何处理这些问题，也是经营。凡此均可与现代企业的创业人及后续董事长的功能相似。兹将凡此经营简约为一个方程式 $R(h \times m) = E$。此处的 R 是资源，其中包括人力资源（h）及物质资源（m），经过 h 将 m 运用，转化为能量（E），而能量既是能力（C），也可转化为权力（P），而在市场机制下的企业，P 只可部分转化为金钱（M）。但在皇朝的经营形态下，P 是权力，已足够表示资源转化的力量。

人力资源比较复杂，既指涉可以运用的人力，包括劳力及智力；也可以表示领袖及其所有依其驱策的人士（或人群）的诸项因素（例如性格），及其可能呈现的制约限度（例如因个别人士的性格及彼此关系引起的正面或负面后果）。这一方程式是示意的，其中诸点较不易量化测度，是以也不能进行精确计算。

此处将考察领袖的性格与作风，以觇见其应具备的质量。

事实上，在人间不可能有完美的人物，足以代表上述应予具备的质量。我只能从中国皇帝中挑选比较成功的个例，以讨论他们在历史上呈现的特质。同时，为了逆证，我也将挑选若干失败亡国之君，做个比较。

中国开创皇朝的君主，全无凭借、白手起家的例子，只有汉高祖刘邦与明太祖朱元璋二人。李世民的表现也不恶，但是他有北国世家大族的身份，又有李渊在太原的资源，因此不能算是白手起家。至于失败亡国之君，刘邦的对手项羽与明代的崇祯皇帝（思宗朱由检）可为领袖品质的逆证。

汉高祖出身农家，为诸子中的老幺，在年轻时无所作为，父亲太公曾经指斥他不治生业。他曾担任亭长，为地方上的基层管理人员；在押送戍卒时，戍卒逃亡，他干脆释放所有戍卒，自己也逃亡大泽中，后来则据沛县起兵，参加了推翻秦代政权的活动。天下各路人马在项羽领导下，与秦军作战，刘邦偏师疾驰于关中，秦孺子婴投降。项羽进入关中，据说违背了"先入关为王"的誓言，只封刘邦于汉中，刘邦在汉中休养生息，度陈仓出谷据有关中。在刘项对决中，刘邦遣韩信取得齐地，北联张耳、陈余，南结彭越、英布，诸军会合，大败项羽于垓下。刘邦的开创汉朝，是一个辛苦的过程。

史称刘邦豁达大度，不拘小节，从他微时作为看来，他是从江湖上混出来的人物。这种人物，善于结交朋友，对朋友也有一定的义气，有时为了充阔气，有时也由于自信，会大言不惭，更有孤注一掷的勇气。刘邦以地方小混混，混到亭长职位，逐一结识了县中的小吏（如萧何、曹参），在学会招待故人吕公时，刘邦不名一文，却敢于冒称赠送厚礼，居上座狎侮宾客，居然虏获吕公欣赏，将女儿下嫁。刘邦以武力据沛，则是由于获得萧何、曹参诸人的支持。凡此早年事迹，足以说明刘邦敢于一搏胜负的勇气，而他可以凭借的资源，仅是自己的人脉，得到朋友的支持。当时秦人暴政，已到人民难以忍受的地步，刘邦并不是唯一站起来反抗的人物；因此，刘邦起兵是有胆，但未必是由于其见识过人。

在反秦与对抗项羽的过程中，刘邦几次关键性的决定却不能说是凭血气之勇。在不断扩大自己的力量时，刘邦接纳了不少人才：张良与韩信是其中最称佼佼者。他听取伙伴的建议，信任他们的能力。在诸军忙于战争时，刘邦疾驰入关；又听取萧何建议，获得当时全国的户籍、赋税档案与舆图。这一大批数据，使刘邦对全国形势及资源，有了全面的信息掌握，为当时其他武装集团所未有。

刘邦从汉中潜出陈仓，掌握了秦国故地，关中表里山河，易守难攻。毗邻的巴蜀、陇右，属北方边郡，据有盐、铁、战士与马匹等重要资源，是其能取得天下的重要原因。天下既定，刘邦又听取娄敬的建议，定都关中，也是为了继续掌握这些资源，高屋建瓴，控御东方。这些计算就不能说是偶然的幸运，而是由于他能接纳他人的建议。

刘邦也能处逆境，父亲被项羽劫持，刘邦回答，烹了我的父亲，愿"分我一杯羹"。妻女失去联络，他也忍了。鸿门宴上，冒死赴宴，对项羽低声下气，他也忍了。韩信收齐地，自立为王，等于背叛，他生气之余，听张良劝谏，忍住气，封韩信为齐王。至于说立了第一个攻进关中的大功，却被贬汉中，刘邦更是以此时机经营，卷土重来。

综合上面的叙述，刘邦的领袖气质在于能与人相处，知人善用，更能接受别人的意见，以提升自己的识见。有胆子，却又能忍受挫折。有了这些气质，他在重要关头的决定，都是准确的，而且及时。他紧守关中为基地，不仅在群雄之中能脱颖而出，而且汉家二百年的统治，也因中枢居形胜之地，帝业因此不坠。以刘邦创业的经营言，一个领袖必须气量宽宏，有胆有识，胜不骄，败不馁，知人善任，听信谏臣，收集信息，集众人的智能，以成自己的智慧。一位企业的创业者，也是如此，方能成功。

相对而言，项羽勇力过人，将门世家的训练，楚人"三户亡秦"的气概，曾经统率群雄，固一世之雄也。但是，项羽终于自刎乌江！他的失败，在于有了谋士而不能听谏；胜利之后不愿锦衣夜行，只想回乡炫耀乡里，其志也浅；分封群雄，不够慷慨大方，其气量太狭窄；自负材勇，不能与人合作，则四面树敌；失败之后，只认为"天亡我也"，不能反省，更不想卷土重来，于是自刎身亡，则是能胜不能败。项羽的气质，恰是成大事业者最不应有者。

明太祖是另一个创业成功的开国皇帝。他是一无凭借的贫苦孤儿，依附佛寺为僧，然后投入红巾，以其勇力，由郭子兴的卫士，逐渐独当一面，逐鹿中原，荡平群雄，驱逐蒙古政权，建立汉人的明皇朝。朱元璋能如此作为，当然有其雄鸷过人之处。论其用人，他以淮西功臣为将领，以浙东儒生为谋士，缺少宏大的气魄。他的谋略"广积粮，高筑墙，缓称王"，是在厚植实力的阶段，保持低姿态，这是稳扎稳打的策略。先灭陈友谅，后打张士诚，是由于后者恃富自保，不足为患；也由于前者占有的长江流域，腹地广大，进可攻，退可守，而张士诚的江南，虽然殷富，却偏居东南，不在要冲。削平群雄后，朱元璋才全力推翻元朝，一则当时元朝已衰乱不堪一击，二则还是采取稳扎稳打的基本战略。凡此都是从保守中求进取的策略。朱元璋的开创弘业，其做法，与刘邦"豁出去"的作风相比，当是谨慎有余，进取不足。

明皇朝统一了中国，朱元璋满足于自保，沿北边筑长城守塞，既未如汉代边郡有万骑巡边的机动，也未如唐代设都护驻防，甚至没有建立明朝政权与元朝残余之间的宗主藩属关系。他诛杀功臣，广封皇子，全是"家天下"的作风，其气度不如刘汉远甚！终有明一代，中国始终是自保的格局，缺少了开张的气魄。虽今日颇有人以永乐朝郑和下西洋之事，以为这是中国人对外开拓的盛事，其实郑和在海上的大举，并没有在海外建立据点，正如明朝未在蒙古驻守，是同一保守的作风。

明代最后一个皇帝崇祯，其所作所为，十足代表领袖特质的负面。崇祯自信太深，刚愎自用，以其辅政大臣而言，即更迭频繁。他用人不专，自信而又猜忌，举棋不定，以致不断改易将帅，于平定内乱及防御外敌两方面，都不能成功。在全局糜烂，自缢煤山时，还自以为不是亡国之君，责怪举朝都是亡国之臣！他的一生作为，没有一处不是违背了领袖应有的特质：既无见识，又不能用人，缺少自知之明，更不知反省，一味盲目自信，刚愎任性！

上述是汉、明两朝开国君主的个性及行事风格，一个是开展型，一个是保守型，这两种作风，也影响了汉、明二代的组织，亦即管理的另一面相。本文的重点是领导者的特质，因此不拟在本文评述两朝的典章制度，只在刘邦、朱元璋二人的行事风格，稍论其发展的趋向。

刘邦开国以后，杀害了彭越、英布、韩信三人，因为这三人虽是他围攻项羽的盟友，却也是必须消灭的对手。对于功臣，刘邦却是广为封赏。在天下初定时，功臣们猜疑，刘邦听取张良的建议，封雍齿为列侯。刘邦与雍齿一向不和，雍齿封侯，众心始定。此后功臣们都得封爵，汉初天下，遂是刘氏子弟为诸侯王，功臣为列侯，这是一个家族与功臣安天下的局面。汉初经过吕氏及七国之乱两次家族的内乱，都是功臣集团出力，保住了刘姓政权。功臣集团的实力，反映于丞相由列侯出任，中朝及郡国二千名大吏，历高祖至武帝初，习惯上都由功臣集团掌握。汉初政权的实力，不在皇室子弟，而在那二三百家列侯的家族。武帝时，察举发展为制度，方由儒生及地方势力，构成专业文官的集团。是以汉代初，若用今日企业组织为比喻，那是一个创业董事长及其老伙计群结合的共同体。武帝以后，老伙计们逐渐隐去，才转化为专业人员（文官）管理企业的形态。汉代丞相的权力极大，也俨然有企业CEO（总经理）抗衡董事会之势。

明初则不然。朱元璋规划的结构是皇子们各自有封地，这些宗藩分布边境及内地的冲要地区，握有相当财富与武力，以捍卫皇室。明初尽杀功臣，于是内外都是文吏，从来没有尺寸凭借，都只能仰皇权的鼻息。是以明初格局是一个家族企业，由创业董事长的子弟分别掌握权力，专业管理人员不过是雇员而已。永乐以大藩夺位，将朱元璋原来的布局打乱了，从永乐以后宗藩唯享厚禄，不再分享帝国的权力，方出现了文官系统

"专业经理人"。但是，明代没有决策的CEO（总经理），而是承命皇帝的秘书班子。这一朱姓家族企业集团，受制于其原来规划的结构，遂始终不能发展为专业经理人掌权的经营方式。

　　总结言之，不论是历史上的皇朝，抑或是今日市场经济的企业组织，其领导人的行事风格，在开创阶段，即不仅决定了企业能否成功，并且也会影响其日后发展的格局与形态。本文由刘邦与朱元璋二人的性格及其规划为例，不过是借历史引喻譬解而已。历史并不全是过去的陈事，若是活学活用，历史仍有可以作为借鉴的作用。不过，历史到底是过去的事，一个时代有一个时代的特殊背景，历史可以为参考，却不能将历史当作规律。如何从历史汲取智慧，终究还是靠各人的体会。运用之妙，存乎一心，千万不能胶柱鼓瑟！

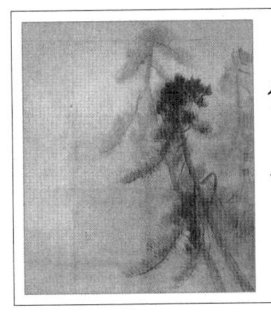

第二章
中国文化的当代意义

人生价值的探讨（一）
——人类追寻人生意义的经验

一、 史前时代对于生命的注意

人类社会对于人生价值的追寻方向是否有所不同？而不同的重点在哪里？不同文化有何不同的追寻途径？未来是否能有共同的、世界性的趋向？像这样关于人生价值探讨的题目好像很大，在这三讲中没办法全讲完。但是我想各位都是有思考能力的，用这个题目算是起个头，请各位一起思考人类一生都要思考的问题。

史前时代的人类以生殖与死亡的礼仪作为探索通天达地的途径，由此发展出许多神话与传说来安顿"人"的地位。

由于史前时代没有文字记载，人类有无产生对人生价值的思考，我们并不知道。若是从他们所遗留下来的一些看得见的证据显示，旧石器时代的人类虽然居无定所，但对死者却也有一定的处理程序。他们对生命终结的躯体有所处理，也就是意含着，他们可能认为在躯体以外，生命还有一些身外的意义。

到了新石器时代，村落族群已然形成，这时候人类的愿望有二：一是和自然沟通，一是使死者长留。为使死者长留，因而有许多准备工作，例如陪葬的财富以及费心治墓，有"葬"便重视，全世界皆然，表示生前与死后是延续的。至于宗教的仪式，大多是为了与上天（自然）沟通，例如高塔建筑即是离天较近。以中国东北的红山文化为例，其庙堂与墓的四周埋有空底陶罐，这是仪式的用途；再如浙江良渚文化出土器物中的玉件，常雕有凤鸟图案，"飞翔"与"高"的概念都是为了与自然沟通。可见古代人类就已开始找寻"生死"的神秘、"生"的来源，及死亡后生命的延续，也可发现古代人类想要取得通天达地的能力。

虽然我们不知道史前人类思考的过程，但从传说与神话中确实可以印证，当时的人类思考已经远远超过吃饱穿暖的生理需求，亦即寻求如何做一个人以及人为何是人的问题。

二、 中国文化圈以外的经验——以两河文明为例

1. 鸠格米西的传说，"不朽"的意义

鸠格米西（Gilgamesh，又译吉尔伽美什）是两河文化时期常见的故事，以楔形文字刻在泥版上，存在于当时至少十六种不同语言群的文化圈内。这一故事的内容讲一个国王，集聪

明、智慧、武艺于一身，是独一无二的，但是这个国王却非常寂寞，因为天下没有能够与他平起平坐之人；上天为此降下了一个与他势均力敌的英雄，两人经过一番激烈的打斗，仍分不出高下，于是结为兄弟，建立无数功业。但是天降的英雄却生病死了，国王不禁想：这么伟大的英雄，跟我一起建立无数功业，现在却死了，为什么？"生命在哪里？"国王开始寻求生命与死亡的意义；国王想，为什么不能叫那英雄回来？为什么他离开以后，一切都变得无意义了？

各位，这是公元前3000年，距今5000多年前的故事，如果以它的母本推算应更早。当时这位国王已经开始要寻找"长生不老"，于是国王找到挪亚（挪亚方舟故事里的主角）请教他，如何才能长生不老。挪亚说他并非长生不老，只是遗忘了，如果国王真希望长生不老的话，有一种树叶或许有效。国王摘下树叶，却在回程半途掉到溪水中，国王认为人终不免一死，于是勤行德政，建设城邦，因为这个国王认为长生不老不是遗忘，而是留下什么让人民记得，这就是不朽。

2. "自杀文书"的意义

这本书头尾均已遗失，存留的部分是一段主人与仆人的对话，主人可以说是要什么有什么：佳肴、美酒、女色、财富、权力……而对主人的要求，仆人也是百依百顺。有一天，主人因为什么都有了而感到无聊，便对仆人表示想死的念头，仆人依例表示赞成，主人便要仆人先死，并在死亡的道路上，为主人准备……下文我们不知，但《圣经》的《约伯记》中有相对的故事，为本书小部分的扩大，故事的主人翁最后臣服在上帝的面前。这一故事也表示古人对在世的生命会问"其意义安在"以及"活着做什么"。

3. 《汉谟拉比法典》与神示

这是目前所能找到的最早的一部成文法典。这法典可说是以神授为中心,其基本的法条精神为报偿式的,人要对自己做的事负责任。法典指出,人间社会要有一个神给我们的正当秩序,以保障每一个人的权利。两河流域的文化认为人的社会(而非个人)有一定的价值,如公平、正义,而在这权利背后则隐含每个人应有的尊严,并受到神的保障。

4. 善与恶的对抗(琐罗亚斯德与袄教)

琐罗亚斯德(Zoroaster)是古代的一个教主。两河流域文化认为人的社会有着善与恶的对抗,所谓"善"与"恶"乃是一种代表性的说法。二元观念与两河流域地理环境的对比有关,如淡水与海水的对抗、河流与沙漠的对抗、生与死的对抗。这种"两力对比"融入他们的思想当中,所以他们的思考方式也是二元化的,对抗与选择,一要一不要;人生也是许多的抉择,二者择一,而琐罗亚斯德即整合此种二元思想为一哲学,影响后来的袄教。

三、 中国文化圈以外的经验——以埃及文明为例

1. 阿顿的"唯一真神"信仰

生命与众生:公元前 1500 年,埃及阿顿(Akhan Aton)

王进行宗教改革，倡导一神论。阿顿从小体弱多病，身体畸形，与其父感情相当不好，或许是为了对抗父亲，阿顿提出一神论，他认为世上只有一位唯一真神，即太阳神。万物的生命皆承受自太阳神；天下众生是平等的，这一观念与所罗门诗歌中的记载相同。但在当时多神论的埃及，阿顿的宗教改革失败了，这种一神信仰的精神由摩西接续了下来。

2. 犹太教的"唯一真神"；"大离散"及道德的普世化

犹太教"唯一真神"的精神是生命之下众生平等，生命本身是神圣的，每个生命都是可贵的，这种思想进一步影响了基督教的信仰。但是犹太教传布的对象只限犹太族，其"唯一真神"乃是部落神，这与阿顿不同。后来经过犹太三次亡国、两次大离散，犹太教向外扩散，部落神才获得普世的地位。

3. "人"是神的子民；人必须遵从神的意旨生活

基督教吸收两河文化、犹太教以及希腊哲学的思想，其中最重要的观念便是人与神的直接联系，人因神恩而存在，因神而具神圣意义，所以人生在世就是神圣的存在。

四、 中国文化圈以外的经验——以印度文明为例

1. 印度河流域（五天竺）的古代文明

从哈拉帕文化的城市规划，展现整齐划一的秩序，显见其文明高度的发展。在雅利安人未入侵印度前，印度次大陆的原

住民已经有很高的文明,亦即哈拉帕文化。哈拉帕没有文字,但有遗迹,从遗迹中我们得知当时印度已经有四五百个村落,其城市设计、街道规划相当发达,包括公共会所、广场、商业、住宅皆很完善。再从其留下的符号,可分析:(1)当时的印度人对天象、天体、树木的成长(即生命)有一定的注意及追寻;(2)他们想与伟大的超自然力量沟通。

2. 印欧语系族群的入侵;征服与阶级化

公元前1500年,雅利安人入侵印度,他们征服了印度,为压制印度人而设立阶级制度。婆罗门教便是严格的阶级化。

3. 《吠陀书》《奥义书》;礼仪的文化;婆罗门

印欧民族原是拜火的民族。婆罗门信仰则保留原有信仰,也混合原印度次大陆居民的文化。《吠陀书》《奥义书》中有复杂的仪式,其中记载种种利用药物或其他方式以使人脱离肉体让精神自由。阶级分化后,因婆罗门僧侣依附政治,过于腐败,而有佛陀的出现。

4. 小区的本土性;社群与自然环境的亲近

印欧民族征服印度后,城乡发展分离,乡间因食物不成问题,形成自给自足的小区形态,彼此不太往来,社群单纯;同时因生活容易,于是易与自然环境亲近,人与自然融合,所有生物有平等的权利。

5. 专业知识分子的冥想;思想的抽象化

婆罗门以及僧侣为专业知识分子,靠社群供养。在无后顾之忧的情形下，这些知识分子能够有余暇思考抽象的问题。他们主张精神本身就是存在，其余都是虚幻。婆罗门教、印度教与佛教皆主虚幻，此与两河流域的虚空不同。印度文明所指的虚幻是原本就不存在的"空"。

6. 佛陀；苦谛，无常；出世思想／慈悲，觉迷，自我完成与圆足

我们说佛陀有"悲"的精神，为我悲也为人悲。但佛教原求的是"自悟"，后经中亚传入中国后，才在自度之外，发展出救人为主"为别人摆脱苦谛"的救赎，而成为"大慈大悲"。现在印度本土已没有佛教了，反是在中国得以流传。

五、 结语

两河、埃及与印度文化之共同处都是个人的、一对一的。两河文化讲"人"和"神"，没有小区、没有社会。人从神处得到神圣的存在，要对神负责，因人有罪（所有不满足、不快乐、没有完成之处便是罪），所以要靠神来救赎，以脱离世态。印度的宗教（婆罗门教、印度教、佛教）也是个人的，强调精神的自由、精神的独立；个人的轮回是对单一的个人负责，印度只有转世，没有上代下代（如中国的父债子还）的观念。印度宗教中，婆罗门教、印度教重视仪式，佛教则主悟解，后因婆罗门教改革，促使印度教吸收了原为向婆罗门教挑战的佛教精神，而成为新印度教。但不管仪式或悟解，印度文化都在寻求精神心灵上的自由。最后，依佛家语，便达到"涅槃"。

人生价值的探讨（二）
——中国文化中人生价值的探索

一、 秦汉以前中国人的人生价值

1. 商周之际

天命与道德意义：中国人在人生价值的探讨上，于新石器时代即已开端，但真正的突破应属商周之际。商周大战，周以地鄙兵寡的小国，却战胜国力及文化水平都比自己高出许多的商，这一结果使当时两国的知识分子开始思考。周的知识分子想的是：为何小国周胜利了？对商言，知识分子探讨的是：为何大邑商败了？后世的文献记录虽以周的立场发论，但商代知识分子亦有参与。周人以为周能取代商乃是"天命"，因为上天是公平的，并不特别偏爱一族（即"上天"并非部落神，非单单庇佑一族）；所以上天拣选有诚心、有道德的周取代腐败的商。上天决定由周继起担任整顿世界的责任，这便是属于王者的"天命"。"天命无常，唯德是依"，唯有德者才能承受天命。此一觉醒约当公元前1200年，可算是中国文明的一大突破，时代亦约西方的摩西颁布《十诫》之时。

2. 孔子时代

仁与人性；天命与禀赋：古人说："天不生仲尼，万古如长夜"，孔子的言论蕴含深刻的哲理，千百年来深深地影响着我们。孔子的学说以"仁"为中心。"仁"的原意是美好的样子，亦为男子的美称，后经孔子赋予新的定义，"仁"便成为人应有的内涵，为人人皆有的高贵品德，并非贵族独有。孔子说天命即是"性"。命者，令也。天命不是皇族的权力，而是上天给人的命令也就是使命。孔子认为每个人都有使命，这使命是上天赋予、生而有之的。孔子将王者的天命推及一般人民身上，天命即是人性的一部分。为此，人必须努力从事内心的自我修为，也就是终生求仁。《论语》中，弟子发问的三大项目为：问仁、问政与问学，其中"仁"是孔子最为重视的，孔子关心的是人的内涵须与天所给的禀赋（即"性"）一致。

3. 孟子与墨子的辩证：个人 vs. 社会

孔子之后，墨子对上述偏重个人内心的论点提出驳斥。墨子认为，人和人相处必须遵循一定的"道理"，亦即公义。人间的公义也是天降的，社会中之一员，言行受天降的公义指导。墨子言必称"上帝",俨然一派教主。孟子则仍重视人内在的"性",孟子认为人虽有外在种种不同表现,但其"性"则一也,所以力主"性善"。两人的思想在个人内在省思与社会约制两个方面,有精彩辩论。

4.《礼记·中庸》

天命论与湖北郭店出土文献:《礼记·中庸》首段即言:"天命之谓性,率性之谓道,修道之谓教。"简单翻译就是说:天命叫作"性",顺着性发展叫作"道",培养前面所谓的"道"就是"教"了。看来不难明了,其中却有一大问题:何谓"天命之谓性"? 最近,在湖北郭店出土的一批楚国文书中正有足以说明之处。竹简上有一句:"命由天降,性由命生。"这八个字正解答了我们的疑惑。"命"是由"天"这个超越人间、超越自然的力量给予人的,"性"是在得到使命的"禀赋"。子不语怪力乱神,但儒家的信念仍是从一个神秘的、天赋的力量而来,并归结在人的身上,天与人是有交流的。所谓"天、地、人"三才,人既居其一,可知人的地位很重要。

这种观念与西方的宗教有很大不同。基督教认为人是神所创造,人是卑微的,在上帝面前人要臣服,人没有使命,人只不过是伊甸园里一只自由而有特权的生物罢了! 但中国人不这么认为,孔子说人性是贵重的,每个人有个人特性也有共通性,人必须能自重、自尊、自贵;人有特殊使命需要执行,如不然,则是糟蹋自己。这种对人的看法,与西亚、南亚有根本上的不同。

二、天人之际的问题

1. 天人之际的问题

董仲舒与阴阳五行：汉代董仲舒整合先前已有的若干思想，包括儒家、道家以及阴阳五行。

先说阴阳。中国的阴和阳两个力量是相辅相成的，不是对立相克。这与上面提到西亚的二元对立（如淡水—咸水、沙漠热风—山间雨水）不同，中国是阴阳二元互补。阴阳学家的思想应自新石器时代的生殖崇拜来。如山西陶寺有一巨大的墓葬群遗址，大墓中有阳器出土；这些器物和死人一起埋藏，可见古人认为生与死是延续的，而阳阴两性交合才会产生新的生命。

五行是指金木水火土。一般推测五行乃自青铜器时代才发生的观念，因为铸造青铜的材料须自"土"里开采出矿物（铜矿、锡矿"金"），以"木"为燃料起"火"，用"火"将矿熔成流体（"水"），因此铸造青铜器要同时用到这五种力量、元素才行，即金木水火土全用上了。而木又自土长成，水亦自土流出。故五行在中国人的观念中是合作的、轮替的，非对立的。

2. 大宇宙与小宇宙的感应

天与人的感应包括宇宙、社会、国家、身体等重重网络相关重叠，以及两元的互补与相联。

孔子不讲阴阳与五行，但阴阳五行学说经过春秋战国的流行，到汉代，阴阳五行的观念也被儒家的学者所接受，成为一形而上学的哲学观念。董仲舒整合这几种学派，为中国史上第一次思想的大综合。天地间的大宇宙所形成的系统网络，包括天象、自然等各种力量彼此呼应。这种网络的现象也表现在国家的建构，政府的各部门既分工也互补；社会也是如此，各种行业、社群互相彼此配合、彼此协调；我们身体的各个脏器是大宇宙的反映。董仲舒所谓的天人感应，自大宇宙、国家、社会，小至人身体的各部分，皆是互相呼应的。

这种阴阳五行的观念使中国人对人生的追寻归结到自然秩序上，人生的意义就在反映自然秩序的和谐。对照西亚系统的"对抗"说与南亚系统的"虚幻"论，中国有很大的差异。西亚、南亚的观念彼此不关联，而中国的思想却可以分别联系西亚、南亚这两方，却又有所不同。

三、 生命与"道"的密切关系

1. 朱熹的"理"、王阳明的"心"

中国人对人生意义的追寻是落实在我们自己身上，是我们的责任。因此到了宋明理学时代，宋朝的朱夫子告诉我们这是"理"，是天地间的大道理、大原则，需要人自己寻求与体认。"理"在处处呈现。朱熹的"理"与"心"是分开的、二元的。"理"是客观存在，"心"是主观的追寻。到了王阳明，两者合为一元，外面的理与内部的心是同一件事，"理"由"心"来悟解，由心致良知。"心""性"之学，又回到孟子的立论上了。

千年来的思潮至此不再解释为什么天地间有种种现象，而是直接指出人如何活得像一个人。因为人必须在身、心上体认天道，这是每个人最重大的使命。中国人没有教主，因为每一个人要对自己负责，每一个人都是自己的教师、自心的解释者。

2. 张载《西铭》：民胞物与；生顺殁宁

让我们从张载的《西铭》来综览儒家对宇宙人生的解释。

首句"乾称父，坤称母"点出阴阳二元，这二元是相配的。而渺小的我存在于阴阳之中，所以天地间充塞的便是我的身体，天地所弥漫的道理就是我的本性。天下的万民都是我的兄弟，天下的万物都是我的朋友，形成一个庞大的网络系统，包罗大宇宙与个人相应的关系，人顶天立地于天地之中。

第二段"大君者，吾父母宗子；其大臣，宗子之家相也"。讲的是国家层次，一国的统治者是代表父母来管家的，而政府里的大臣则是辅佐的人；这"父母"并非指狭义的家庭双亲，而是对应上文的"乾、坤"。因之国家也是一个网。接下来"尊高年……，皆吾兄弟之颠连而无告者也"则是社会、群我的层次。对年长的尊敬，对孤弱的慈爱；人群中的"圣"者乃因其行为符合最高的道德标准，而"贤"者则是人群中的优秀分子。至于身有残疾乃至鳏寡者，都是我受难无助的手足。

从宇宙、国家到社会这三层网都是由"我"来统合的。

"于时保之，子之翼也"讲的是按照时间进展而有春生、夏长、秋收、冬藏，以及生、老、病、死等自然现象，我们要帮助这些人走过去。"乐且不忧，纯乎孝者也"是说那些尽孝者可以一直快乐不感忧虑。这里的"孝"亦非仅指对父母，而要扩而大之，不拘一家之中。若有违背就是不道德，害了仁心就是"贼"，帮助坏人叫"不才"，而能实践的人就可称为"肖子"。

"知化则善述其事"，知道什么是变化，并善于体认它；"穷神则善继其志"，找到问题的精神所在与主要脉络，就是能延续生命的人。"不愧屋漏为无忝"是说面对屋内通天达地的空间（即天光之处）不觉惭愧；"存心养性为匪懈"言人对天赋予之性要培育增长不能懈怠。接着，作者则举出崇伯子、颖考叔、舜、申生以及曾参、伯奇几位古代知名孝子的事迹，阐述人尽孝的对象不仅是亲生父母，包括：不享乐、作育英才、不懈怠、恭顺并且爱惜自己……种种方式不仅是对父母尽孝，更扩大为对宇宙、自然秩序的责任。

"富贵福泽，将厚吾之生也"，人对天赐的富贵福泽不可轻忽，必须培植、增长，使其更为厚实；"贫贱忧戚，庸玉女于成也"的"女"是"汝"也就是"你"的意思，这句是说过着贫穷卑贱烦恼生活的人不可丧志，这是上帝要成全你、考验你，如玉石般地琢磨你这块璞玉，终使发出光泽。"存，吾顺事；没，吾宁也"意谓活着是自然的，离开人世，是回去休息；活着要完成使命，使命到了尽头时，我可以说我活着的时候已经尽了力。

这篇文章可以说是总结儒家的人生价值。

3. 慎独与处世

慎独：上不愧于天，下不愧于人，内不愧于心——为人要有慎独的工夫，不在乎人群当中的声誉、掌声。重要的是当你单独的时候，面对镜中自己的时候，要对得起自己，对得起"天"。"对得起"并不是做够了，而是没有做错；无心之错尚可，但存心之错则不应当。

处世：达则兼济天下，穷则独善其身——当自己有能力达成时，也要帮助别人做到，这种愿心是一辈子的。所以"达"是机会（如：为官者，有机会造福社会大众；为师者，有机会开导学生；为人父母则有机会教育子女……）。而"穷"则是没有机会的时候，做不到、不能"达人"的时候，至少独善其身。

四、 结语

人生的意义归结而言，一在成全自己，二在成全别人。人不管是身为个人或为全体人类中的一员都有机会、有能力充分发挥自己得到的天命与禀赋（也就是"性"）。主人就是你自己的心。

人生价值的探讨（三）
——目前我们要追求的人生意义

一、 现代人面临的困境

现代人正面临以下几个困境：

1. 市场经济的世俗化社会驱走了价值的神圣性

所谓"市场经济"要追溯到资本主义萌芽的时代。十六世纪初，欧洲的商业化便已相当显著，也因为商业化，才有了资本主义以及后来欧洲各国向世界各地的开拓。中世纪天主教会长期统治欧洲，但始终有一股世俗的力量不愿向教会低头，这一世俗力量存在于城市、工商业社会以及当时的教育机构（即现在大学的前身），形成"世俗性"与"神圣性"之间的斗争。当资本主义兴起，世俗化的工商业社会便压倒神圣性的社会，造成近代价值观显著的转变。在中国，儒家并非宗教，且相当入世。但入世之中对特定价值的尊敬仍视同神圣般看待，虽然在中国无神圣与世俗对立的情形，但当近代欧洲文化（特别是西方教育思想）传入后，中国文化也同样面对这股世俗化的强势力量，产生重大的改变。此一世俗文化能摧毁教会的神圣性，亦能摧毁世界各地原有文化的神圣性。

尤其近代结合工业与科技的发展，"过更舒适的生活"成为一大诱惑，重视物质生活与享受、一切向"钱"看的资本主义也就弥漫全球，赚钱的动机举世皆然。然而欧洲在资本主义初期，赚钱的动机与宗教的神圣性仍有相当密切的关系。如卡尔文教派信仰者，为证明自己是被上帝挑选之人，故在现世生活中必须有所表现，赚钱只是为了表示自己能够成功；卡尔文教派信仰者大多勤奋简朴，且其所得均能回馈社会。简言之，市场经济带来的世俗化使人类原本舍命防卫的价值失去意义，"神圣"也就为"现实"所取代了。

2. 都市化带来了小区的离散与个人的失落

"都市"自古即有（如雅典、长安、罗马等大城），然而古今都市最大的差别在于现代都市的"流动性"很强。以中国汉唐时期的长安为例，都市依街道隔成方块的单位（现在仍可自日本地址上的"町""丁目"等名称一窥当年唐朝城市规划的形貌），人的居住区域与职业密切相关，而且非常固定，流动性不大，这个现象在东西方大城皆然。

到了中世纪，都市人口的流动性便显著增加，至近代越甚。18世纪资本主义高涨,连职业也不再固定,工业生产的机械化使货品与财富均快速流动,而人口也随着公司行号的设立与工厂的兴衰移入又移出。居处不固定的结果,造成现今公寓中的邻居彼此不相识的情形;而都会交通运输的大量吞吐,人群拥挤且陌生,形成社会学家口中的"lonely crowd"——寂寞的人群。小区结构离散,缺乏嘘寒问暖、守望相助的小区精神,人也失去心灵上的依归。由于个人的失落,也就不再问"究竟为什么过日子?""我过的是什么样的日子?"只晓得朝九晚五、上班下班;一旦空闲了、病了、老了的时候,人际疏离与价值失落的问题也就跟着产生了,这就是现代都市人的通病。

3. 科技文明压缩了宗教信仰

这里所说的"科学主义"是科技文明当中的一种现象,而非科技文明本身。"科学主义"乃指对科学近乎盲目的信仰,以为科学绝对可靠、前途无量,科学代表无穷的进步,不容怀疑且可解决一切问题。此困境的发生可溯及法国启蒙运动开展,亦即近代科学起步之时(如:巴斯德对细菌的研究、太阳系理论代替地球中心的宇宙观)。这种科学主义的思潮认为人类的知识是确定、不变的,因而开始编纂百科全书以为后世指南,又称为百科全书运动。这种观念随着西方的扩张,推及全世界(如五四运动中高举的"德先生"与"赛先生",其中的"赛先生"指的便是科学)。

事实上,真正的科学家是不会压缩宗教的,如牛顿便有深厚的宗教情怀，爱因斯坦亦始终对自然存有崇敬之心。但是一般迷信科学的人却排除宗教。我们不否认有些宗教确实带有迷信，但宗教不等于迷信，迷信也不等于宗教。然而在五四运动提倡的破除迷信，却将宗教与迷信画上等号，此一误解影响至今。这股科学主义压缩宗教的力量可谓十分强大。

4. 世界化的文化多元性排挤了过去单一文化体系中"视所当然"的坚信

过去的人是生在、长在、老在、死在一个小区里，一个文化体系里，因此所接受的是单一的信念，不会产生怀疑。但是当两种文化体系的人开始接触之后，冲突矛盾也随之产生。尤其是第二次世界大战之后，各种文化的交流更是频繁。现在的人在多元文化的影响之下，不再相信母亲告诉自己的格言或信念，对本身所处文化体系的价值观也就产生许多的质疑。

上述四点，造成全球性的困惑。除了这些之外，还有本身独特性的困难，如认同的危机、快速的经济发展与都市化产生对未来的迷惘等等。

二、我们必须面对的课题

以下几个课题是我们所必须面对的：

1. 天人之际：我们与宇宙秩序之间的调适

由于科学主义盛行，人类总以为自己对宇宙够了解，不再有过去"举头三尺有神明"的敬畏,也失去对自然的感动。人类损害环境,对上天的赐予不断侵夺、藐视并且滥用,甚至用生物学的知识侵犯生命的神圣,只为了满足自身的享受。对此,我们应如何调适?资源有限,若不调适,终有穷尽之日。

2. 人我之际:个人的自由与群体规范的共存

由于每个人都身处孤独的人群之中,因之没有感觉到对他人的责任,只想到自己生长的空间;希望自由,却没有思考到自由背后的责任问题。因此需要寻找一个规范,使人我都能得到适当的调节。

3. 快乐的定义

快乐是相对性的。现在的人常常不知道什么是快乐。以我个人为例,当年抗战时期,粮食不足,所以只要有一天日本的轰炸机不飞,或是有顿饭可以吃,就已经很快乐了。今天的人因为要什么有什么,反而要问:快乐在哪里?就像一个新的计算机游戏软件,寿命只有四十五天,快乐似乎也是稍纵即逝。物质欲望满足的同时,精神欲望却常被忽略,也就不知快乐何在。

4. 有没有"进步"

当达尔文的演化论变成一种所谓的社会进化论后,人们相信人类社会与文明一定会进步。但是从前面所提的困境以及所要面临的课题中,我们不知道人类这一路走来究竟是改向好,还是改向坏?我们迅速地"动"却不知动的方向,进步的意义丧失了,所以现在要重新建构我们的方向以及快乐的意义。

上面四项可说是人人皆有、很迫切的课题,也是整顿自己的思想、寻求安身立命之所时必须要问的问题。

三、 我们可以发展的观念

我们可以发展的观念包括以下几点:

1. 套叠的多种网络系统:天人、人我之间的互相依存

我们要理解我们与大自然以及大自然和宇宙实际上是息息相关的网络。人体内的各个器官、组织……连成一个小网,彼此勾连;这个小网是完足的,但是内部的各个部分是互相依赖的。扩而大之,人与自然也是互相依赖的。没有自然环境的资源,人无法生存;同样的,没有"人",四周"环境"的存在也失去意义。延伸至太阳系乃至宇宙都是如此层层叠叠的网络。正如系统论中提到在巴西雨林的蝴蝶一拍动翅膀即可影响远在太平洋彼岸台风的形成。又如人类发明 DDT(滴滴涕)以灭蚊,连带伤害了其他昆虫,导致鸟类缺乏食物来源,影响了整个食物链结构与生态系统。因此人和周围的社会、自然、环境甚至宇宙系统都是息息相关、密不可分的。明白这种天人、人我之间层叠依存的观念之后,人也就不再感到孤独了。

2. 重新检视"科学主义",以及科学的客观性,正视主观,正视"心灵"

所谓重新检视,就是还给科学家所理解的科学原貌,而非一般印象中的"赛先生"。在《纽约时报》科学专栏里有一篇讨论"大爆炸"(又译"大霹雳")的文章。"大爆炸"理论说明宇宙原是由一肉眼所看不见的、极为微小的质点爆炸扩散所形成(目前这种扩散依然以高速持续进行中),此说为现今多数天文物理学家所接受。文章中指出:(1)"大爆炸"出现后,宇宙沿着爆炸的向量不断地向外扩张,其扩散呈现一定的模式;(2)爆炸之后,"能"与"质"是不断互相转换的。根据上述两点,似乎证明宇宙的发展都是可知且可测的。但是本文作者提出一项更根本的问题:这些可知可测的模式是如何决定的?如果是人类想出来的,那么是否表示人类的思想早于"大爆炸"之前即已存在?这个问题其实可以回到中国老子《道德经》中所说的:在先天之前有"道";"有"之前为"无","无"之前则有"道"。可见一个真正优秀的科学家在探讨问题时都会提到哲学性的问题,而这也是所有宗教信仰的出发点。透过这种哲学性的思考,人们会发现自己没有那么大的自信,也就不会粗暴、轻蔑,面对自然与宇宙时也会谦卑得多。

3. 动静之间:进取 vs. 宁静

在快速进展的社会中,人们几乎找不到时间定下心来,或是回头看看。想想自己是不是应该为这个世界、为四周环境,也为自我找份安宁?这与上面的两个问题都是我们可以做却不去做的。

四、 现代人可以建构的行为趋向

身为现代人,我们可以以下列几个趋向来建构自己的行为：

1. **发展潜力，成全自己，也成全别人：己欲立而立人，己欲达而达人**

   成全自己包括不毁损自己，并将禀赋的力量发挥到极致，同时还能去成全别人。而成全别人则是佛教所说的"渡人"、基督教里的"爱人"，也是儒家的"己欲立而立人，己欲达而达人"推己及人的道理。

2. **重建人群的互动，使个人不再是 lonely crowd 中疏离的孤独者**

   如果能做到第一点，那么这一项就很容易达成。也就是人与人之间不再冷漠，人与人相处多一分彼此尊敬，多管一点闲事，主动多付出一点，自己也就不会感到孤独。

3. **从己所不欲，勿施于人，重建诚信相待的道德元素**

   这一点是上面两项的基本原则。人与人总有基本的互信，以此推而广之，将心比心，在日常生活中便可以逐步建立诚信相待的相处模式。能做到这三点，在人类社会系统中也就不会感到孤独，不再无所依靠，心灵也可以获得安宁。

五、结语

综合以上几讲，我们可以发现人类过去曾经有过的经验，其实还有今天的意义：

1. 人在神前的谦卑，可以减少人类的傲慢与妄动

所谓"在神前的谦卑"指的是人对于宇宙、对不可知力量应有的尊敬。跟环境建立亲密的互动，懂得欣赏环境的美，而非仅知攫取与破坏。

2. 人与自然一体，有助于建立和谐的顺天观念

中国人对天的观念本就是"顺天"——顺其自然。而印度教的"天"与"人"本身是不分离的。所以天人的关系应该是和谐的。

3. 儒家的人文思想《西铭》，可以转化为现代的人间伦理

于"人生价值的探讨（二）"的课程中，我们以《西铭》为代表，《西铭》里的观念，如：乾称父、坤称母……很容易就能转化为现代的人间伦理。

4. 福慧双修与生顺殁宁，可以成为人生意义的基础

"福"是"施""舍"，但"施"并非只是钱财或权力的"施"，注意到其中还有"舍"，"舍"是舍弃自己，不要只把自己摆在中心的位置，把自己放矮一点，便会发现天地很大、宇宙很大。以"施"与"舍"求得"福"。而"慧"是悟解，去悟解五蕴皆空。若能一步步寻求悟解，我们便能得到生命中的安宁——活着的时候生活顺适，走的时候心境安宁。这种人生的意义便是：人能够在活着的一生成全自己也成全别人，过了丰丰满满的日子，而不是追逐空虚、无意义的东西。我与四周和谐的互动才是真实快乐的人生。

情理相通的通识教育

教育界注意于通识教育,这是值得称道的现象。最初提出这一议题,当是针对人文与科技两个领域之间,不仅有一条鸿沟,而且由于科技知识领域不断扩大,这条鸿沟也随着变深变阔。于是通识教育的意义,似乎相对于科学教学,意味着加强人文教育。其发展的源头,当初提出人文/科学两个文化的赫胥黎与史诺诸人,其实是指出人文教育之中,没有注视科技知识。一般人未必是文盲,却大多是"科盲"。近代数十年,这一现象并未有显著的改善。反之,由于科技知识的领域,发展迅速,日新月异,更由于学术分工日益细密,专业的学者,在本门学科之外,也已难有兼顾的余力。这一趋势,竟不仅只是人文与科技之间,俨然有一条难以逾越的鸿沟;知识的全领域,似乎已分割为一块一块的零碎小格子,不啻是孤立的小岛屿,彼此不能相通,科技领域也罢,人文领域也罢,都呈现同样的现象。

若要追寻"通识",谈何容易!古人白首穷经,不外读通几部经书。今日知识之量与质,宛如汪洋大海,诚如庄子所说,以有涯之生命,追索知识于无边无际的学问,竟是不可能的事。为此,若想从读些经典著作,即以为可以达到"通识"的境界,毋宁劳而少功。以芝加哥大学阅读百部经典的学程,行之数十年,有些当初列为"经典"的科技著作,今天已不过是科技历史的里程碑,同样的,当初列为"经典"的文史哲著作,也因时代推移,其实也不过是思想史的史料了。另一种方式的尝试则是哈佛大学的通识核心课程,开列了许多可选的课目,无所不有,却彼此并无关联。犹如自助餐,听君选择。这种方式的通识课程,只是更加彰显知识的零碎散漫。

目前几种通识教育课程的设计,各有巧妙,终究只是尝试以取得更多的知识,以资匡救任何一个知识领域的偏颇。万变未能脱开以"量"补"量"而已。然而,上面已经说过,今日教育的根本难题是在知识之量已经庞大到于无涯,以有限的生命,追逐无涯,其效果将如数学上以无限大为分母,任何数字的分子,都是趋近于"零"。是量的增加,诚有火上加火的窘局。

也许我们必须改变一个思考的角度,不是量的增加,而是以质济量。人类几个主要文明体系,于"知识"各有不同的界定,赋予不同的功能。例如佛教的知,是以知起启慧,由慧悟出解脱,知识不过是这一开悟过程中的第一步而已。中土佛教之大士,普贤代表戒律,文殊代表智慧,观音代表慈悲,即是这过程的各个阶段。又如,中东犹太教,以及其衍生的基督教,知识是神赐的恩惠,擅自取得知识,还是悖逆神意原罪。

知识遂导致对于上帝的服从。浮士德一生追逐知识,几乎沦为魔鬼的奴隶,只在最后回归上帝,其灵魂始得到在神恩之内的自由。

中国儒家与道家对于知识的定义与赋予的价值颇不相同。但在两家融合成主流的中国文化后,又其知识是以"理"与"情"相通,寻求兼摄内外、人己的真理:"道"!这一部分,容予下文再加申论。

至于现代教育与学术领域中的知识,则是上承希腊文化的源头,由欧洲文化将希腊与基督教两个系统汇为西方文化的主流,中间又经过文艺复兴与近代文化启蒙的情况,更为凸显希腊的成分。古代希腊文化,在雅斯贝尔斯所谓枢轴时代,即是以理性思考为其主调。尤其他们发明的逻辑与数学,却都尝试以"理性"引申为思维的方式,及宇宙的秩序。这一"理性"的基本成分,并不干扰他们神话系统所代表的另一世界,是以希腊诸神的狂欢暴怒种种情感,相对于知识的理性,彼此颇少关涉。希腊古代文化中,情与理分为两截,追根溯源,竟发展为今日西方文化中人文理念与科学知识,各有自己的领域。即使基督教与伊斯兰教,都努力将神恩与神意加入人类心智活动,他们始终未能圆满地协调神的意志与人的意志(包括"情"的部分)。是以人文与科学之间的"鸿沟",也就因为情理之间彼此不通,以致始终难以跨越。

回到中国文化中,情与理之间的关系,孔子以"仁"为"人"的定义所系,孟子以情感所属的四端,证明伦理为应然的仁义礼智。自此以后中国人的理想境界是情理相通,人情不是一个人独有的情绪,而是人人共有的人性。人同此心,心同此理，人心之所安，即是理所当然。因此，汉儒天人交感之说，基于天地间必然如此的道理，也就是人生与人心中已有的道理。这一理性，中国人称之为"道"，既是客观的存在，也是主观之所能体认。通天人之际的境界，一方面由究古今之变归纳，另一方面，由推己及人的仁恕之心，推衍为兼摄内外人己的"同情"。中国传统文化中的学术部分，如天文学、医学，甚至日常生活中的风水、命相之学，都与西方科学的纯理逻辑异科。中国文化的特色在此。成也萧何，败也萧何，无论如何，其经历的途径，决定了中国传统难以孕育现代的科学。

然而，中国情理交融的态度，或者还可有助于沟通人文与科学之间的隔膜，庶几在科技文明十分优势之今日世界中，人的情绪感受，仍应为我们关注之处。庶几人与人之间，犹有相煦相湿，在同情的基础上，展开一些人间的温馨，如能将知识兼跨人情与理性，人类心智活动的果实，或者不至于矮化人类情绪；以专业知识为人类求福祉，而不是为人类招致灾害。

我们的教育中，若以此"质"的处理，代替"量"的增加，或可为通识教育，另辟一条道路。举例言之：若是在数理学科的教程中，能加入一些新成分，指出科学知识的建构与发展过程中，人阐释自己观察到的现象时，教学诚实、开放而不持偏见的工作伦理。也指出，科学家本人的主观体会，有不可忽略的作用。又如，牛顿、爱因斯坦、杨振宁诸人均注意到，合理的学说与理论，即是能够将散乱的诸种现象，简约为简洁的秩序；而这些简洁的秩序也往往反映"美"的境界。反过来说，人文学科的教学，也可以多注意到"情""理"相通之处。举例言之，导读诗词小说时，应提醒读者，作者虽然在表达个人的感受，而这些个人感受之所以动人，即在其触及了人性中共有相同的"情"。同理，音乐、戏剧、建筑及哲学、信仰、历史的学习，均不宜陷于浩瀚专业知识，而应注意于启发"情"的体会，启发学生养成民胞物与的胸襟，以追求成全人性为心智活动之鹄的。

通识教育的目标不在于学问渊博，而在于培养能够乐人之乐，忧人之忧的敏感，再由此敏感，内化为有智慧，有人性，近人情的人格。若将知识的数据累积，当作知识主体，忘却了知识是发展智能的基础，那就本末倒置了。

2003.5

人文学科的任务

任何学科都可有许多不同的功能，也都可有相应的诸种方向。人文学科，以整体而言，是研究人类的行为与思维，发抒人类的创造力，也一代又一代地传承人类在这两方面的经验。相对于姊妹学门社会学科，前者注视人类个人的所作所为，后者则着重群体的共相。相对于数理学科及生命学科的客观考察，人文学科则必须兼顾主观的体会与客观的分析。为此，人文学科的研究是既由外面现象观察自己，还须从内反省领悟自己。在人类的许多知识系统中，人文学科是独特的。

从这一基本假定着想，人文学科在高等教育系统应有下列几项的功能：

第一，培训人文学科的专业研究人才，俾得将这一学科继长增高，不断开拓新境界，也因应一个时代趋向的问题，开展新的研究课题与新的研究资源。自从中国有了现代的高等教育，这一课题的研究是大家当作天经地义的任务。

第二，高教系统也担起与第一类相应的教学任务，将当时的研究成果传授给下一代，俾有人接下第一类任务。实际上始终是中国高教系统的专业科系的核心功能。

第三，中小学课程中，也有人文学科的基础课程。为此，高教系统也接下培训中学小学师资的任务。高教系统中的师范体系更是专为这一任务设计的机制。

第四，人文学科的知识常与其他学科交织，或以该学科的方法治人文学科的课题，或以人文学科的方法治该学科的课题。如心理学、经济学、环保学、经济分析、数理逻辑、系统学、人工智能……不一而足。这种跨越学科范围的科际研究，经常发展了新的专业学科。这一任务，也是研究任务的一部分，过去不受重视，今日则已是司空见惯。

第五，今日学科分歧，而又专精，跨出自己的本行，往往不能领会别的学科所治何事。若以人文与科学（亦即数理与生命学科）为两大知识领域，正如史诺与赫胥黎所说，其间宛如有一条鸿沟，隔断了两种文化。文盲与科盲都普遍存在。近来学术界都注意到如何沟通各科学问，发展通识教育遂成为许多同仁瞩目的任务。今日高等教育系统，在这一任务，尚未有共识。高教中的人文学科，当对这一搭桥工作，有所构思。这一任务与第四类任务相关，而又有所不同。

第六，人文学科中，颇有以创作与其欣赏为主的专业，例如文学创作、音乐、艺术、建筑设计等项，纯理论的研究与学科必须结合实际的创作与表现，后者又牵涉一些技艺的训练。一般高教系统中，常将这一方面人才的培训，设为专业的学校，或在大学中另设专业单位，以担起这一类的任务。

第七，这一任务，可称之为推广与普及的工作，将学术研究的成果，不仅经由师范教育逐渐传达于中小学的学程之中，还应借重各种传播媒体，普及于社会大众。尤以今日诸种媒体传讯，讯息众多，涵盖宏阔，速度迅速。社会大众颇有为讯息淹没之苦。人文学科既须传播知识，又须从众多讯息中厘清混沌，都是过去高教未曾担起的任务。

以上七项任务，除了首三项已在中国高教执行有年，后面四项则均为我们这一代新生的工作。一向以大学与研究所为主要形式的制度，势须有所更张。在目前大学/学院/研究所的已有体制之内，有待大家设计妥善的制度，具体区隔研究型大学、教学型大学、专业学院、文理学院、技艺专科、通识教程等等。同时，至今高教评鉴同仁的工作能力往往以研究成绩为主，尤以发表论文的篇数为尺度，实不足以衡量同仁执行上述诸项新兴任务的成效。至于如何精准地评定个别同仁的工作绩效，也有待大家妥善规划可行而又公平的方法，按照不同任务，订定相应的评鉴方法。

总之，人文学科是有关人类自己的学问，更是有关人类中个别人物的学问；人类知物而不知人，终究将会失去自己。由这一角度着想，人文学科实有其独特的意义。际此科技挂帅，信息泛滥，知识泛滥，物欲横流之时，我们切不可妄自菲薄，轻估人文学科的重要性，庶几在上述七项任务，均能有所成就。

中国现代学术科目的发展

近代中国史上,考古学和历史学成为现代性的学科,其实走的是两种截然不同的途径。以我本身最为熟悉的考古学园地来说,考古学经常要处理的课题,便是关于文化和文化间碰撞相结时期的变化。在两种文化碰撞之后,将会产生几种不同形式,使得某文化中的某一项目,因此传播至另一文化之中。如果将此一研究的经验转嫁到近代,许多研究诸如文化传播、文化接轨等,似乎颇可作为近代史研究借鉴之处。

举一实例。在考古学的历史上,有青铜器传到中国的历程。青铜器原来并非中国所发明,传入中国后,却形成了极为特殊的发展方向。和地中海、西亚、印度等地区情况很不一样,传入中国的青铜器技术,出现了丰富且多样的新方式。我个人便认为,中国的青铜铸造文化,其实也受到中国本身长期制陶技术传统的影响。中国制陶早自龙山时期,便已可达到相当高的温度。利用陶作为陶胚的方法,使铸铜得以仿效,顺利完成。所以，中国的铸铜技术，乃采用原来制造陶胚的方法，不但制作上质量精美，而且也能完成相当大件的礼器。这一点与其他地方或文化里制作青铜的经验，可谓相当不同。拿这一个案来说，新传入的技术，未必曾有过任何代表的工程师或团队，来告诉中国人究竟该怎样制造青铜器，只能说可能曾出现某种合金可以铸造的讯息而已。但是，加上自身传统工艺后，中国原有技术很快地与外来技术接轨，做出众所周知的新青铜技术，而且一开始就几乎臻于成熟。如此的经验，我称作"甲型"现象，也就是"接轨现象"，即在内外相配的情形下获得成功。

其次，马车在中国的出现及发展，则代表另一文化历程。中国的马在新石器时代为数并不算多，也就没有以马拉车之事。而且人类史上自从发明轮子后，其实中国并无将轮车和马的畜力结合起来的前例可循，两者在结合以后，直接移植到中国，并广为接受。关于这样的类型，我称作"乙型"或"移植型"。

第三种形式，则是考古学上最普遍使用的分类方式。例如，我们称某一文化，经常会拿该村落来命名，如仰韶、龙山等。至于怎样去认清该文化的特性？我们通常会以出土的陶器作为指标。因为陶器主要是由人所塑造，象征着塑造器物的文化传统。每一种文化本身具有相当完整的塑造器物的传统，不但发展已经完备，而且顾全了各方面，包括盛水、装米等形形色色的器物。这套完整的传统，其实自成体系，深具排他性，不能容纳其他外来新的事物。当两种文化碰撞之时，我们看到彼此互不相让，若是出现直接接收情况，则有所谓强势与弱势的问题，进而发生取代的现象。这一类便是我所谓的"丙型"或"取代型"。在考古学上，文化接触所形成的变化，大概不出我上述粗略划分的三种类型。以下我想进一步依照这三项分类，尝试来考察近代史上中西文化碰撞后，哪些学科曾有所转接，是否能从甲、乙、丙三种类型来分析。

在进行尝试考察近代中国学科转型前，如果将清末民初若干新式学校或西学的考试，依照年代排列，约略可见有如此现象：由简到繁、由分科粗略到精细。分科粗略的最初原因是为了强兵，像制造局以利航运，乃至算数都是为了制造之用。本来，中国古代的算数都与天文学有关，以提供年历之用，再不然就是作为实用知识，如量米墩、建筑尺寸等。此后，逐步在强兵的项目外，加上其他。例如，制造之学延伸到物理（如抛物线）、化学（如弹药）等研究。第三步才扩展到富国的基础上，接着则涉及法政，慢慢到民国后才有今日学院的分级。北京大学成立后，实际上文、法、理、工、医、农等学科才逐渐出现。

从学科的演化过程中，中国本身所设立的学校及考试，与西洋人在中国的教会学校发展，走的是不一样的路径。教会学校从一开始，便希望尝试以西方教育内容和课程，移植到中国。尤其在宗教的部分，更是强调重点。而中国在响应宗教课程时，总会将类似的内容摆置到经学一科，因为经学普遍被视为具有宗教的内容和意涵。历经如此约三四十年不断的调适后，终使中国不断在寻求新的学科分野，企图容纳更多不同的知识范畴，当中过程十分艰辛。等到民初蔡元培主政北大，专设文、理两院，成为大学主体，将其他学科放在实用科目，才确立核心知识的内容。

此外，在学科分类之初，有所谓"西学"与"国学"的对抗。其中中西共同之学的分野，譬如史学、数学，均为中西共同之学；而格致、法政、经济等，则是属于西学。这反映了我前面说过的"丙型"文化，当自己的文化自成体系时，如何看待外来事物及文化内容，区分"我"（ours）、"彼"（others）之别。从西学与国学两范畴中，找到共同的史学、数学基础。

新兴学科分类中，还有所谓"实学"与"虚学"分别。实学往往被当作富国强兵之术，虚学指的是中国心命性理学问。然而，两种名称之中，事实上已经寓含褒贬的用意：实学为了生存之用，虚学则无。而且，褒贬之间业已决定了人们的取舍；在学科逐渐分化过程中，实学部分慢慢获得优势，除了中西共同之学占领更多阵地外，西学也在实学范畴之内，进入了我们的学科领域。以上是我个人对新兴学科分类一点微末的观察。

接着我想拿几种学科科目，配合前述甲、乙、丙类型做一比较。

第一是我比较熟悉的考古学。中国近代考古学开启于李济之先生，他在1926年山西夏县西阴村挖掘新石器时代遗址，距今八十多年。考古学在今日是显学，特别是1949年以后，大陆方面希望经由考古发现，来证实文明演变的途径。如今考古可谓"满地开花"，几乎各处都有考古学的单位。从济老到今天，中国考古学是真正发展为具有特色和传统的学科，世界考古学界曾形容中国的考古成就，是非常重要的分支。主要原因不仅在材料丰富，而且与其他地区的考古学比较起来，还有相互证明之处。换言之，考古学移植到中国，是学术史上非常成功的个案。然而，当我们回溯历史，中国并非没有类似考古的学问。譬如，宋代即有古器物学。古器物学主要内容在搜罗古董，当时目的有二：一是欣赏古代，一是希望回复古代。一直延续至清代朴学，考证古代文字经常要借用铜器铭文，以进行史实、声韵等研究。因此，古器物学已经是考古学的一部分。不过受限于偷坟盗墓等忌讳和观念所影响，中国始终并没有展开像考古一样的田野挖掘工作。李济之先生选择西阴村作为考古对象，也有其缘故。因为当时殷墟虽尚未发现，但甲骨片已在市场流传。为了寻求中国源头，既有黄帝纪年，又有尝试找寻支持古代的证物，所以考古成了必然趋势。李济之先生会选择西阴村，是因为它位居夏县。为了"夏县"二字，故以为是夏代故址。但没有想到却因此发现了新石器，还找到至今仅见的半个残茧，证实蚕丝业在中国的发源。由这一例可见，李先生接受了古器物学的传统，又有新的考古学知识，于是结合两者，完成了前所未有的创举。所以，经过正规的民族学训练的李先生，尝试在夏县考古挖掘，并非没有其道理。而考古学接轨中国古器物学，并从古器物学上延伸对古史的盼望，成为我称"甲型"的典范。

第二是中西共同的数学。中国本来在数学的成就上极高，宋代时高等代数、几何、三角等都有长足的发展。然而，直到明代耶稣会会士传进西方数学，中国的一批数学家才知原来作为天文历算的方法，可以纯粹作为科学的知识，不再仅具实用功能。同时通过翻译和比较的过程，近代数学受到来自西方的刺激。当时数学家尝试沟通中西共同之学，加以转化，使得今日我们放弃中国算数符号,接受西方数学观念,变得极为容易。民国以后出现的数学大家,如胡刚复等人,他们其实都扮演着中西共同之学转接历程的关键角色,属于我称的"甲型""乙型"结合。

第三是地质学。国民政府中央研究院成立后,地质学获得前所未有的发展,享誉国际。本来中国并无所谓地质学研究,如果有,也仅在少数的笔记之中。譬如沈括的《梦溪笔谈》,曾谈到山顶上岩石中有蚌壳,推测该地曾为沧海。朱熹也有类似的说法。可见如此素朴的地质观念,在中国并非没有,只是缺乏实际经验上的考察。中国的舆地之学,可说都属于人文地理的范畴,像《天下郡国利病书》《读史方舆纪要》等,没有涉及自然地理,更谈不上地质。自然地理中的山川河流,事实上也都只是在人文的方向里思考。自然地理的地质学,之所以能够在传进中国后很快地被接受,并深具特色,主要是中研院前辈学人的功劳,如李四光、丁文江、翁文灏等人。这些地质学家们最初的出发点,仍与富国强兵有关,特别是国民政府在南京成立以后,设置了资源委员会,勠力于中国地下资源(如矿业)的开采。甚至于1949年后,翁文灏卸任行政院长,不做官的第一件事便是到山里找矿,目的在寻求资源。中国地质学在世界上有一定地位,其情形如同考古学般,因为当地有着一批独特的材料,结合方法而形成坚实的学问。

谈到与资源有关的学科,顺便要提到第四个案例:化工。中国的化学工业之所以崛起,原因在于外货抢销中国;为了争口气,中国人企图争回资源的主权。这里我举盐田为例。位居渤海湾附近的长芦盐田,一直以来皆供给华北地区食用。但该盐田含有过多的钡，人体吸收过多，容易无力而致病。当时日本的精盐大量倾销中国，为了抵抗外货，天津的企业家范旭东相当不服气，设置了一所精盐厂。在开设过程中，曾引起本国传统盐商的反对，认为侵犯权利。结果该所精盐厂历经千辛万苦，成就斐然。主要参与的人员侯德榜以盐作为原料，发展和制造了硝酸、盐酸、硫酸，创出"侯氏制酸法"，成为中国化工的起源。侯先生此后还创办"黄海化工学社"，主动在若干学院内，建议成立化工系，资助师资教员。

以下要谈的学科，与文化抵制有关，属于我所称的"丙型"。第五个案例是医学。中国和西方的医学各有传统，无须我多做解释。当西方医学要引进中国时，最初是以药的功效作为先锋，靠的是教会学校的力量。然而许多人在信仰上抵拒，自然也在方法上抵拒西医。清末民初许多教案的发生，都和谣言西医开刀剖肚、伤害婴儿有关。无论从理论、传统疗效及病人诊视（如男医生为产妇助产）各方面，中西医长期以来水火不容，冲突不断。两者非唯学问本身的冲突，亦凸显出社会、文化上的冲突。

第六个要谈的领域是法律，它也像医学一样，出现排挤的状况。中国输入西方大陆法学的法律知识，源自清末的沈家本，他以日本法律作为参考，甚至直接援用专有名词。日本的法律主要以《拿破仑法典》为基准，属于大陆法系的成文法，成文法背后的精神，在于基督教神学。然而，中国法律自萧何订定汉律后，以至董仲舒依《春秋》断狱，中国经学始终为律法系统的源头，为刑律的根本。甚至根据礼经宗法，订定民法婚姻、继承、亲属诸篇。从汉律、唐律、宋律、明律而至大清律，大致上精神仍属一贯，并无巨大的修改；可以说中国法律和西方各属不同的传统，各有演化的经历和基础。总之，法律这一学科发展，在近代依旧充满排斥和代替现象，无法转接，归结于我提出的"丙型"。

第七个案例是历史学。历史学看起来似乎为中西共同学科，但代替情况仍在，属于缓慢地进行。以中国史学来说，正史的主流为政治史和政治制度史，其他则均属边缘。像司马迁《史记》中有《货殖列传》，《汉书》有《食货志》，都是难得的事。二十四史上纪传表志绝大部分的记载主要都是跟政治演变有关，而且是叙述，不是分析。此外，史事的排列皆以时间为主，并系于国家，连一般的省志、县志等，都视如小国。所以，地方史被拿来当作古代诸侯列国史来看待，一向普遍存在。如此的传统，转变为今日研究院内"史语所""近史所""台史所"等同仁，以专题论文来分析研究历史，其中有着极大的差距，转接的过程亦相当辛苦。创设史语所的傅斯年先生，以引入德国史学，担负建立现代史学地位极为关键的任务。民初史语所、北大以及若干大学，可以说是一同建立这样的传统。直到今日，我们还在此传统之中发展，不再书写类似二十四史的正史，或是读书札记，而是专书和单篇的论文。不过非常可惜的是，中国史学固有的传统却因此埋没了。例如传记的书写，在近代中国史学里相当不发达，或许口述历史还可以弥补其不足；又如史笔文采，也因为讲究严谨周延而往往被忽略；再如褒贬义理，也被讲究客观性所摒弃。所以，今天我们进行的史学研究，当中传承和分野，虽无医学及法律那样巨荡，可是接轨也未必那样顺畅。假如我们能够再设法结合两者，依然有其价值。

最后一项要谈的是哲学。哲学发展的困难和历史学差不多。中国哲学，主要在于经学；无论理学、心学处理思考的课题或名称，都隶属经学的范畴，和西方哲学殊异。胡适先生是第一位想要打破中西哲学界线的人。他以西方的观念、词语，尝试做了一部《中国哲学史大纲》上册。尽管胡先生此举当时轰动一时，不过"但开风气不为师"，马上被冯友兰的《中国哲学史》超越。就哲学转接工作而言，胡、冯二位先生固然开了风气，可是直到现在，接轨仍然并不顺畅。我们看到，搞西洋哲学的人依旧有其一套，很难将西方名词真正使用到中国传统哲学思考之中，原因是中国经学的名词、观念，本身历经数千年的演化，早已产生许多分歧、定义和范畴，属于动态的发展。要将这种动态的发展以西方哲学相互转接，必定有诸多困难。所幸中国哲学并未因此而被取代，如今各大学，乃至本院的文哲所，仍有许多学者孜孜进行中国经学传统的研究。因此，中西哲学基本上尚属并存状态，我们期待有人能够打通两者。

中国学问本来讲究"道"和"理"；"道""理"二字类似西方的 reasoning，是一切思维的基础。所以，中国接轨外来的学问，无论是拒斥、并行，还是全盘承袭，传统在追寻"道理"的途径下，应该是利于接受外来学科才对。孟子以来，又有一部分讲究所谓"悟"，即顿悟的方式，作为宗旨。然而，"顿悟"对任何学科以按部就班的学习而推理，其实发展上并不太有利。从这一部分的观察来说，我想是中国要接受理论性较强的学科时，所产生的困难和问题所在。

一切学问"中国早已有之"的说法，也是不利于接受外来学科的因素之一。清末许多学者的想法和心态，尤其呼应如此情况，进而排斥学习。王尔敏先生以清初实学演化到清末富强实学，可以给我们若干启示。沟通中国自有学术与外来学术传统，本是艰难的工作。这一工作，虽已开始，其实还在进行之中。如何二者并臻，而不是顾此失彼，则是我们不容推却的责任。

2006.6

美国国会图书馆中文藏书的史料意义举隅

钱存训先生,图书馆学大师,早岁任职北京图书馆,抗战年间,护送珍贵图书,由北京到上海,经道于北美,救国宝于兵火战祸,功在中国文化。我于1957—1962年间,在芝加哥大学读书,既受钱老师指导学问,又获老师与师母照顾生活;两方面均蒙庇护,大恩不能言谢,亦终身不敢忘。今年是老师九五华秩,门下诸位同学集议庆祝,谨约集同学,并邀请老师的朋友,各自撰文,集稿编为一帙,以申大年之庆。

老师专业为图书馆学,我未曾一窥这一专业的门径,十分惭愧!但为了庆祝老师大寿,特将一些柱下摸索的感想,撰为芜文,忝列各位高明之末,为了勉强搭上图书馆学的边缘,特选取美国国会图书馆藏书中的若干项目,尝试引申其可以探讨的课题,撰得这篇短文。

国会图书馆入藏的中文书籍,超过九十万种,其中颇多世间已不常见到的资料。本文选列了五类若干书籍,也是因为近日对于明代史事，有学习之心，是以但凭自己兴趣，挑了本草、水利、边防、海防及行政手册五项，尝试可以操作的题目。选此五项为例，不过是从浩瀚书海中，弱水三千，取其一瓢而已！学海无涯，个人的一口试饮，也并非自娱尔。

一、 本草类

国会图书馆的藏书，不仅有少见的珍本，而且常有可以对照互补的同类丛书。以本草类丛书为例，李时珍的《本草纲目》自然是这一类书中的翘楚，国会收藏了一部很早的《本草纲目》刻本（五十二卷附录二卷）。出版于李时珍呈上是书不久之后，此书在《本草纲目》中的地位极高，堪与该馆收藏的《武经备要》媲美。

本草类书籍，最早是汉代《神农本草》，综合了古代方剂与药学，东晋时陶弘景为《神农本草》作注，又是一次综合，唐代官修本草，增加了不少印度等处异域的药学资料，北宋唐慎微又编了《重修政和经史证类备急本草》，大观政和两次官刻，这一部分系按病症分类的方剂。国会图书馆的《重修政和经史证类备急本草》，系金代刻本，三十卷只剩十三卷，此书是现存最老的刻本之一。国会收藏的证类本草，有十余种；雕刻的时间地点均不同，晚至清代，在山东、浙江等处还常见翻刻。此书在北宋时曾经官府医务人员校勘，显然是医者的常用参考书，具有相当程度的实用价值。

李时珍的《本草纲目》将中医药用动植物（也包括一些矿物及自然物品），分类排列，既讨论其医药功能，也说明其形状特色，虽有不少药方，却是以植物分类学，开辟了中医药学的新领域，堪称中国生物学的宝典。另一方面，上述证类本草的传统，并未因《本草纲目》出现而致中断，《重修政和经史证类备急本草》不断有人重刊，已如前述。国会图书馆收藏的《证治本草》十四卷更是这一类实用参考书的佳例。该书诸序均系在隆庆五年（1571年），离《本草纲目》问世不久。据编者陆之权的序，是由于《本草》不易检查，为了诊病据方的需要，才从医学名著分证类集，萃列群方，兼顾经验单方，及诸药药性，更显然是一部临床查书的手册。该书可能是海内外的孤本，至今未在别处出现。

国会收藏许多版本的本草类书籍，不仅有最早的本子，而且有最好的本子，甚至是孤本，更当注意者则是集合在一起的研究价值。中医药的传统，自古以来即有经典理论与方剂两条路线，前者是形而上学的探讨，后者则从临床经验找到验方。中医药经数千年而不衰，其实是由于验方是经过许多病例证明有一定的功效，方能获得医者与学者的采用。

二、 水利类

中国以农立国，自汉代以下，水利常是公私关怀的课题。水利之中，又分有防水患及通沟渠两项。国会图书馆在这一方面，也有相当罕见的书籍。

中国水患以黄河为甚。馆藏潘季驯的《河防一览榷》十二卷，按《四库全书》著录为十四卷，卷数不符，是实际各卷分合不同所致。此书刊于万历年间，当系很早的版本。潘季驯是中国河工历史上的重要人物，历代治黄河，以王景、贾让最著，然后就要数明代的潘季驯，至于清代有功的靳辅，其治河方略，也是步武潘氏的前规。潘氏治黄河虽然也是筑堤防堵，却提出了"束水冲沙"的方针，藉狭窄水道，增加流水速度，冲刷下游已沉淀的积沙，以此保持河床足够的深度。这一原则是流体力学的道狭流速，使挟带的泥沙不致沉淀。较之今日以高坝储水，又以分流灌溉的治河工程，其间优劣可以立判。潘氏仍以河堤约束水道，但在远处也筑遥堤防止河水灌溢漫流，加了第二道防线，又可保护两侧平地，不受过分的灾害。

潘氏的治河原则，其实包含了疏浚河道及不与河争地。对于整治黄河下游，这是对症下药的良方。明代黄河已经夺淮入海，于是淮河也成了灾害。同时，大运河的水道又因淮河灌入的浊水，更有壅塞漕运之患。潘氏因此特别注意提高淮河水头，以有助于河淮分流。当然，如果黄河改在北边入海，河淮纠缠的难题，即可迎刃而解。使一条大河改道，工程浩大，费用不赀，当时潘季驯是做不到的。

国会图书馆收藏的河工书籍，不为少数。尤以张兆元《淮阴实记》及不著撰人的《河工书》二项，颇能与上述潘著对照研究。淮阴地处河淮之间，最是黄河下游吃紧处，尤可与潘书比较。至于张光孝撰《西渎大河志》，也是万历年间河工书。西渎当指黄河中游，亦即壶口至三门峡一段，河水挟带黄沙已不少，幸而两岸地势较高，河患不如下游严重。

国会图书馆收藏的这些河工书，都成书于万历年间。合而观之，当可对于当时治河方略，有相当全面的了解。

潘季驯自述防河如防边；边防不使虏入，河防不使水出，均以防堵为务，只是其中也隐含疏浚，至少留下遥堤，预设缓冲空间，不是硬性的堵拦，激起河水决堤成灾。张兆元主持淮阴地区的局部河工，颇奏功效；张氏却也曾条陈备倭五事，显然同样有边防河防相比较的想法。一个时代有一个时代关心的课题，也有这一时代的思维方式。此处顺便一提潘、张二人的理念，当于研究万历时的历史，别有可以会心之处。

至于馆藏王圻元撰《东吴水利考》，施笃运撰《江河堤防丛考》，均是在黄河在长江间及东南，地理与生态，不同于黄河地区，这些书，加上海塘工程等书、都江堰工程等书，当是另一类水利工程，当事人处理的问题及其思维，应是另一路数，此处暂不讨论，然而其中也必有可以梳理的线索。

三、 边防类

明代边防史料，亦有可观之处。明代财政，自中叶以后，即捉襟见肘，常是不足。其中最大的三个项目，则为宗室、边饷与河患。据知，明代边饷，常占国用三分之二到四分之三！偌大一笔开支，北边为多；然而除了土木之变，是英宗受王振蒙蔽，大军溃败之外，北边事故，较之汉代，其实还算安静。明代问题，在于由辽东到固原，九边十四镇，处处大军城守，备多力分，又缺少机动的调度。汉代匈奴，实力比后元的蒙古强大。汉代北方边防并不依赖屏障守护，而是常有大军，分道出掣。汉代长城其实是一个庞大的预警系统，由此规划攻击。明代则自从明初数次大规模出击之后，北边筑造了一条联系不断的城墙，其功能是被动地防守。是以北敌大规模侵入的个例,并不算多(当然,后金崛起之后,东北边常有满洲大军入侵)。相对而言,明代边功,呈报的敌人首级,常常有数级,至多十余二十余级,足见战况并不激烈。巨额边饷,即使大多入了私囊,仍是花费在北边为主,则这一大笔资金,多年挹注,应有可见的结果。

国会图书馆收藏的北边史料,有《九边图论》[许论撰,刊于嘉靖十七年(1538年)]、《九边图说》[霍冀撰,隆庆三年进书(1569年)]、《皇明九边考》[魏焕撰,刊于嘉靖二十年(1541年)],及抄本《两镇三关通志》[不著撰人,据居蜜等人考证,应是尹耕,成书时间当在嘉靖二十八年(1549年)]。这些书籍记载了北边兵马粮饷、地形险夷、城关隘口、双方攻守事端、开中屯田、茶马市易等等资料。前面三种综记九边事,《两镇三关通志》则详述宣大地区的情形,尤为深入。

明史专家根据这些史料,已有明代与蒙元关系的研究,经济史家也颇有根据九边边饷,讨论明代财政的著作。然而,明代北边情形,颇与前代(汉、唐、宋代)不同,其中变化不能仅从边防问题着手,似可另辟蹊径,从中国北边经济形态及其在欧亚大陆的格局讨论。

明代军政,以卫所养兵。北边常戍的军队,其中颇多明初降服的蒙军后裔,甚至原从西部拉进来的签军子孙。举例言之,兀良哈三卫蒙古骑兵,降明后归宁王指挥,后来为燕王夺去,遂在靖难之役中发挥关键性的作用。明代大将,蒙裔也不少,北边守军是蒙人,防御的对象也是蒙人,两者之间的关系,应有可以推敲之处。北边的边市交易以茶马为主,又有皮毛、食盐及日常生活品的交易。明代创立开中法,以盐引报酬商人在治边屯田，大量汉人从移北边，则长城两边，必有密切而复杂的族群互动；在蒙汉之间，又有汉化的蒙军后裔，及逐渐土著化的汉人屯户，其间文化与贸易关系，当是可以梳理的课题。清代晋商发迹于北边开中制度，实为晋商北方活动的矫矢。

成吉思汗大军横扫亚洲大陆，明代的西亚与内亚，蒙古宗王的后代已部分土著化，其中尤以在印度的莫卧儿帝国及在俄国的金帐汗国最堪注意。同时，欧洲各国已渐成形，凡此欧亚诸国，既需中国的茶、丝，又需要草原上的皮草毛货。东方与西方间的长途贸易、海路的运输，终于引发了大洋航运，而陆路运输，则沿着长城线，有南北商货的交易，也有东西方向的转输。这些国际长途贸易的情形，当时不会记入官书，然而或有蛛丝马迹，存在于此处指陈的北边史料，等候明眼人寻找。如以此等问题为探讨对象，当可有助于了解16、17世纪世界经济网络中，观看陆路交易的意义。

四、 海防类

南边的海防，又是另一局面。国会图书馆收藏有关海防的书籍，最可注意者是《筹海图编》十三卷［胡宗宪编，真正的辑录者应是郑若曾，刊出时间，以茅坤作序年代，当为嘉靖四十一年（1562年），重校刊出，已是天启四年（1624年）］，所记主要是与倭寇之乱有关的资料。可以与此书配合的则是《两浙海防类考续编》十卷［范涞撰，旧序为万历三年（1575年），新序为万历三十年（1602年）］、《温处海防图略》（蔡逢时撰，万历刊本），时地均与《筹海图编》相近。另有《海防图议》一卷〔张兆元撰，序在万历二十九年（1601年）〕，时间也相近，但讨论的史事则为北直、渤海、天津、永平、海坻地区的防倭事，地点属于北方，此书论述张氏建议的海疆防守设施，以防御倭船突入天津。倭寇之乱，通常认知，是在东南沿海。据张氏此书，北方海上，也一样有寇乱。

胡宗宪主持平倭事宜，是以此书收集的资料，十分丰富，举凡中国东南海上的地理知识，中国人在所谓"倭乱"中的参与，华人在东南亚的活动，葡萄牙人、日本人的活动情形，西洋火器在倭乱时的作用……无不涉及，而且都颇有发挥。

迄今为止，国人一般印象中的倭寇之乱，是日本浪人扰乱沿海。其实，这一骚动中国数十年的历史事件，实是大洋航运开通后，世界经济网络形成过程中，东亚卷入这一大旋涡的现象。中国被卷入世界历史，前面有郑和下西洋，中国人向东南亚移民与贸易，中间有徽商投资海商活动及华南海上力量的消长，葡萄牙人、日本人等海商活动与华人海商的关系，西洋火器传入中国的作用，后面有明代政府海禁政策的心态及其负面作用，与平倭战争中，官方的决策与执行所反映的心态。

若有人以上述诸事为注意之点，则利用这几部书籍，当可陈述完全不同于传统"倭寇之乱"的重大历史现象，而且，有些未必能在"倭乱"纪事寻找到讯息的历史问题，经过提问方向的转移，或举出更多值得思考的课题。例如：郑和舰队的造船技术在永乐之后，是否仍有一些技术保存于民间？以致徽商许栋、徐海、王直等人仍可在闽粤打造大船，而官方没有造船能力，竟只能发动渔船，组织为保甲？又如，茅元仪曾为胡宗宪同事，他的《武备志》中，既有郑和船只尺寸，也有西洋火炮制作技术，何以明代晚期，中国仍须仰仗澳门西方人士提供火器及指导使用火炮的技术？又如，张兆元已记述倭船在渤海与黄海威胁到国际海商活动，则中国、朝鲜、日本之间的皮岛毛文龙，其走私活动是否也涉及国际海商集团？其旧部孔有德等人掌握的大量西方火器，是否与此有关？孙元化在山东编练使用火器的军队，是否与此背景相关，其间就大有推敲余地。

五、 行政手册

国会图书馆庋藏稀见而有用的书籍，海纳谷量，不胜枚举。兹再举一例，亦即明清时代基层行政官员的工作手册。中国文官制度，有悠长的发展过程，一般讨论中国历史上的职官，大致均从官方的典章记录下手，详考其演变与得失。这一制度的研究，自然极有价值。然而，徒法不足以自行，还须有具体的执行，典章方能落实。再者，文官系统，庞大复杂，其中还有许多有关行为模式，都是官员必须遵循的。为此，官吏有一套参考数据，常放手边。这些数据的功能，当可与典章、档案鼎足而立，形成中国文官系统的三套典型文本。

记忆中，故乡老宅的旧书中，颇有一些此类作品，其中有一套名为《福惠全书》（黄六鸿辑），是清代士大夫家庭常见的书籍，其中列惠民为政之道，也委婉地指点仕途，行事当惯，俾宦海中人，知所趋避。其实，这一类书籍，可能早在宋代即已存在。宋代有一些著名的判例，为人集合编成《名公书判清明集》，明代张四维辑本似为后来常见的版本。此书所举判例，都是因为一些复杂的案件，其合情、合理、合法的判决，不仅可以为后人学习，甚至还有补法律不足之用。《名公书判清明集》中的若干案件，传留人间，竟成为"公案小说"的母本！

国会图书馆入藏的此类书籍，兹举两种明刊本为例，一是《重刻圣朝钦定各项新官到任仪注》［不着撰人姓名，嘉靖四十四年（1565年）刊本］，记载各项乡饮酒、释奠某项礼仪的奉行规矩，又有指示为政牧民之道，列举上任、值日、民情、公务，以至钱粮刑名等项应予执行的事务。明代官方刊刻此类书籍，似颇常见，是以太学中也藏有官刻的书版。国会图书馆现藏有徐世昌家的藏本，此是官方颁布，要求官员遵照执行的手册。

另一本值得注意的书籍是《新刻精纂详注仕途悬镜》八卷［王世茂纂辑，蒋时机校订，天启六年（1626年）刊本］，乃是辑许多地方官府的史料成书。全书又可大约分为三项：一是告示、文移等公文程序及套语的活用，二是居官必须注意的行为规范，例如：清正、勤事、慎行等等，三是奇案公断的前例及判语之类。此书内容与《霹雳手》《照天烛》两书颇有关联。撰辑者自序："世有明镜台，必须有霹雳手，使不有扛鼎笔，何以有照天烛。"显然自诩在审察与文字两方面的特色。至于其内容，大多是县级地方官吏应知应行之事。此书性质即不是官方颁布的手册，而是地方官员的行事参考了。

这一类书籍中，有些是曾任地方官的人士，以劝人为善的心态，将仕宦心得与感受及前人的作为，编辑成书，以贻后人。清代张官始撰《守郡近略》［康熙三十三年（1684年）刊］，即以吉安府任内所作所为，以向城隍提出报告的方式，录述其施政的用心，例如建立育婴堂，以禁止民间溺女的恶习。此书不见于别处,可能是孤本。同样出于道德的诉求,清代秦照美撰有《于门种德书》[康熙十七年(1678年)刊],于慎狱、恤刑……种种事项,分门陈述其在建州任上的见闻及经验。此书为金镶玉本,他处也从未见。乾隆时的方观承,曾任直隶总督,在任上推动留养堂,收容穷而无告、老而无依的百姓,又推动各地设立义仓,由乡村合力筹募及管理救急的义仓。这两项措施分别见于他的《养民安记》(不著刊年)及《义仓奏议》[乾隆十二年(1747年)刊]。两书内容,不但有方氏自己施行惠政的讨论,也透露了不少地方基层的社会结构与民间心态。这一类书籍,不单有官吏所撰,也有幕友的作品,康熙十四年(1675年)刊行的《四此堂稿》(魏际瑞撰),即是收集其在浙江巡抚范承谟处佐幕的文字,于救荒赈灾,以及敦厚风俗,均有善致。此书标题"四此",指公文套语钦此、准此、据此、为此四解,也颇为幽默。魏氏著名一时,朝鲜使者来华也取文集归去。

　　本文举例至此,已有五大类,数十本书,鼎尝一脔,也应知足,不必再无节制!若于启沃有心人,在各项题目,多所寻索,考证研究,则抛砖引玉的微意,也就满足了。

　　撰写此文,原来动机是为了替国会图书馆珍本数字化,作一序文,后来,又寻索更多的数据,专诚撰文祝寿。蒙该馆居蜜、潘铭燊二位鼎助,费心费力,提供数据。谨向二位虔致谢忱。

　　谨以此芜文庆祝钱师存训大年,并颂老师师母身体健康。

2006.5